Bill Hybels

Die Mitarbeiter-Revolution

Begeistert in der Gemeinde mitarbeiten

Über den Autor

Bill Hybels ist Gründer und Pastor der *Willow Creek Community Church*, einer der größten Gemeinden Amerikas in einem Vorort von Chicago.

Seine Gemeindearbeit richtet sich besonders an Menschen, die der Kirchentradition ablehnend gegenüberstehen. Mittlerweile hat die Bewegung weite Kreise gezogen und *Willow Creek*-Gemeindeleiter-Konferenzen sind auch in Deutschland sehr gefragt. Seine Predigten und Bücher zeichnen sich durch beeindruckende Ehrlichkeit, moderne Sprache und praktische Anwendbarkeit aus, die ansteckt und Mut macht, den ersten Schritt zu wagen.

Bill Hybels

Die Mitarbeiter-Revolution

Begeistert in der Gemeinde mitarbeiten

GerthMedien

Titel der Originalausgabe:
The Volunteer Revolution

1. Auflage Januar 2005
2. Auflage März 2005

Die Bibelstellen wurden der „Gute Nachricht Bibel" entnommen.

ISBN 3-89437-064-5

Übersetzung: Karoline Kuhn
Umschlaggestaltung: Hanni Plato
Umschlagfoto: Getty Images, Ghislain & Marie David de Lossy
Überarbeitung und Satz: Nicole Schol
Druck und Verarbeitung: Ebner & Spiegel, Ulm

Ich quäle mich oft mit Widmungen.
Diesmal nicht!
Vom ersten Tag an, den ich mit diesem Projekt verbrachte,
war klar,
dass ich es den ehrenamtlichen Mitarbeitern
von Willow Creek *widmen würde.*
Sie haben der Idee, dass jedes Gemeindemitglied ein Priester sein
soll, mehr Leben eingehaucht,
als ich es jemals anderswo in der Welt erlebt habe.
Mir ist klar, dass es die Aufgabe des Gemeindeleiters ist,
die Mitarbeiter zu inspirieren und zu motivieren.
Doch in Willow Creek ist es ehrlich gesagt so,
dass das Team den Leiter inspiriert und motiviert –
mehr, als sie ahnen!
Ich habe es ihnen Hunderte von Malen gesagt,
aber jetzt und hier muss ich es noch einmal sagen:
Ihr Diener Jesu Christi in Willow Creek –
ich halte euch hoch in Ehren! Macht weiter so!

Inhalt

Dank

Ich habe noch nicht eine einzige wertvolle Sache ohne die Hilfe anderer Menschen zustande gebracht. Dieses Buch bildet da keine Ausnahme. Das Team von *Zondervan* hat sogar einem Schneesturm im Januar getrotzt, um ihre Begeisterung für dieses Projekt persönlich zum Ausdruck zu bringen. Ein wirklich einsatzbereiter Haufen! Scott Bolinder und Bruce Ryskamp widerlegen immer wieder das alte Sprichwort, das besagt, dass man mit Freunden keine Geschäfte machen sollte. Wir machen nun schon seit fast 20 Jahren zusammen Bücher und unsere Freundschaft hat sich immer weiter vertieft. Danke, Jungs!

Jim Mellado, der Leiter der *Willow Creek Association*, übt seit Jahren sanften Druck auf mich aus, damit ich einige meiner Gedanken zum Thema „ehrenamtliche Mitarbeit in der Gemeinde" zu Papier bringe. Gott hat ihn mehr gebraucht, als er sich dessen bewusst ist!

Unsere „Donnerstagsgruppe" hat sich monatelang nachmittags in meinem Büro versammelt, um sich Gedanken über das Thema „ehrenamtliche Mitarbeit" zu machen. Ihr „Eisen" hat meines geschärft.

Tammy Kelley, die diesen Bereich in *Willow Creek* betreut, hat mich mit einem nie versiegenden Strom von E-Mails versorgt, die mich daran erinnerten, dass die Gemeinde nie ihr gesamtes Potenzial ausschöpfen kann, wenn nicht ständig neue motivierte Mitarbeiter hinzukommen. Danke, Tammy.

Und schließlich hat sich meine Frau Lynne über ein Jahr lang ganz in die Welt der Mitarbeitenden von *Willow Creek* gestürzt, um zu verstehen, was in ihnen vorgeht. Diese Zeit und diese Erfahrungen haben sie sehr beeindruckt und verändert. Ihre sprachlichen Fähigkeiten haben dieses Buch überhaupt erst möglich gemacht, und ich bin ihr dankbarer, als Worte es je ausdrücken können.

1. „Genau dafür wurde ich geschaffen!"

„Wir sind ganz und gar Gottes Werk. Durch Jesus Christus hat er uns so geschaffen, dass wir nun Gutes tun können. Er hat sogar unsere guten Taten im Voraus geschaffen, damit sie nun in unserem Leben Wirklichkeit werden."

Epheser 2,10

Vor einigen Jahren fragte mich ein (bezahlter) neuer Mitarbeiter unserer Gemeinde, wie ich es eigentlich verantworten könnte, Menschen, die ohnehin schon bis zum Hals in Arbeit steckten, noch um ihren ehrenamtlichen Einsatz in der Gemeinde zu bitten.

„Ich meine, hast du nicht ein schlechtes Gewissen?", fragte er. „Ist es nicht unfair, Menschen eine solche Last aufzuerlegen?"

Er hatte nicht ganz Unrecht – aber ich hatte die besseren Karten!

„In den nächsten Monaten wirst du Leute kennen lernen, die zehn Stunden am Tag, fünf oder sechs Tage in der Woche einen Presslufthammer bedienen. Wenn sie abends nach Hause kommen, haben die wenigsten von ihnen das Gefühl von Vergnügen, Bedeutsamkeit oder Erfüllung erlebt, das ihnen in der Werbung versprochen wird. Es sind gute, gewissenhafte Menschen, und sie sind dankbar, dass sie ihre Jobs haben. Aber tiefe Befriedigung finden sie darin nicht!

Du wirst nette, hart arbeitende Immobilienmakler treffen, die jede Woche ihren Kunden 30 Häuser und Wohnungen zeigen. Wenn sie Glück haben, wird eines davon verkauft. Aber sie haben nicht jede Woche Glück. Viele sind extrovertierte Typen, die gern mit Leuten zu tun haben und sich freuen, wenn sie jemandem das perfekte Haus vermitteln konnten. Doch selbst sie kommen abends nicht mit einer tiefen inneren Befriedigung nach Hause.

Du wirst Versicherungsvertreter kennen lernen, die seit 20 Jahren Policen verkaufen. Obwohl sie dankbar sind, dass ihr Job ihnen ihre Brötchen einbringt und den Kindern das College finanziert, erfüllt sie der Gedanke daran, einen weiteren Versicherungsvertrag abzuschließen, nicht gerade mit großer, anhaltender Freude.

Du wirst Autohändlern und Börsenmaklern und Maurern und Polizisten und Klempnern begegnen, die zwar ihre Jobs ernst nehmen und gut machen, aber ehrlich genug sind, zuzugeben, dass diese ihnen nicht das geben, was ihnen echte Befriedigung schenkt.

Manche von ihnen lieben ihre Arbeit richtiggehend; der Job spornt sie an und verleiht ihnen Energie. Manche verlassen sogar täglich ihren Arbeitsplatz in dem Wissen, dass sie Gott durch ihre Arbeit Ehre gemacht haben. Doch die wenigsten von ihnen würden sagen: ‚Genau darum geht's im Leben: um diese Arbeit.'"

Ich sah meinem jungen Freund in die Augen und fuhr fort:

„Du und ich, wir laden diese Menschen dazu ein, sich von Gott in einer Art und Weise gebrauchen zu lassen, die sie sich nie erträumt hätten. Wir haben die einmalige Gelegenheit, ihnen dabei zu helfen, Gaben zu entdecken und zu entwickeln, von denen sie gar nicht wussten, dass sie sie haben. Wir können sie anfeuern, wenn sie mutig neue Herausforderungen anpacken und Aufgaben im Reich Gottes übernehmen, die ihre Herzen bis zum Überfließen füllen. Und wir dürfen den Ausdruck in ihrem Gesicht sehen, wenn ihnen klar wird, dass Gott sie gebraucht hat, um einen anderen Menschen zu erreichen. Nein, ich habe kein schlechtes Gewissen, wenn ich Menschen dazu einlade, in unserer Gemeinde mitzuarbeiten. Niemals!"

Im Auftrag des Herrn

Als der Verfasser des Buches Prediger sich entschloss, den Sinn seines Lebens zu ergründen, begann er damit, eine große Menge Geld anzuhäufen – nur um festzustellen, dass ihm dies nicht die Befriedigung verschaffte, die er sich erhofft hatte. Als Nächstes stürzte er sich auf die Erlangung von Macht, erwarb sie – und stellte fest, dass auch die größte Macht ihm nichts brachte. Als Nächstes kam ein geradezu skandalöses Baden in allen Arten von fleischlichen Vergnügungen. Dann Ruhm und Ehre. Und schließlich, am Ende all dieser Bemühungen, stammelte er die berühmten Worte: „Alles ist eitel und Haschen nach Wind!“

Wir sind nicht dazu geschaffen, vergeblich dem Wind nachzujagen. Wir sind dazu geschaffen, den Auftrag Gottes in unserem Leben auszuführen.

Es gibt Menschen, die sich vorstellen, dass Gott irgendwo in den Randgebieten des Universums herumhängt und sich qualitativ hochwertige Anbetungsmusik anhört. Die Bibel stellt das aber ganz anders dar; sie beschreibt Gott als jemanden, der unerlässlich am Werk ist, und zwar auf der ganzen Welt, und seine Nachfolger mit Gnade, Kraft und Liebe erfüllt, damit sie mit ihm zusammen diesen zerrütteten Planeten wieder zurückerobern, retten und heilen.

Gott hat die Arbeitshandschuhe schon an, und er ruft uns dazu auf, ebenfalls die Ärmel hochzukrempeln und mit unseren Talenten, unserem Geld, unserer Zeit und unserer ganzen Leidenschaft mit anzupacken. Er wünscht sich, dass wir uns ihm bei seiner Mission anschließen. „Wenn du damit beschäftigt bist, dem Wind nachzujagen“, sagt er zu uns, „dann kannst du damit weitermachen – oder du schließt dich mir an, und zusammen verändern wir die Welt!“

Wie würde es sich wohl anfühlen, abends den Kopf aufs Kissen sinken zu lassen und zu sagen: „Weißt du, was ich heute gemacht habe? Ich habe mich mit Gott zusammengetan, um die Welt zu retten!“

Jeder Mensch trägt in sich die Sehnsucht danach, ein Weltverbesserer zu sein, und diese Sehnsucht kommt direkt aus dem Herzen Gottes. Wir können dieses Bedürfnis in Eigensucht ersticken, mit dem Geschnatter unserer Begierden zum Schweigen bringen oder es durch eine Fahrt auf der Überholspur unserer persönlichen Bedürfnisbefriedigung hinter uns lassen. Aber es ist immer noch da. Wann immer wir uns fragen, ob unser Job oder die Elternschaft alles ist, was es im Leben gibt, stupst uns diese göttliche Sehnsucht sanft von hinten an. Wann immer wir uns ruhelos und unzufrieden fühlen, flüstert sie unserer Seele etwas zu. Wann immer wir uns fragen, wie ein Leben mit einem Ziel aussehen würde, das diesen Namen auch verdient, ruft sie laut: „Hallo! Hier bin ich!"

Eine veränderte Welt

Jesus hat ziemlich deutlich gemacht, wie Gottes Idee von einer veränderten Welt aussieht. Sie beginnt in der Gemeinschaft der Gläubigen und breitet sich dann mit den Werten dieser Gemeinschaft über die ganze Welt aus.

- Als Jesus sagte, wir *sollten den Herrn, unseren Gott, von ganzem Herzen, ganzer Seele und mit all unserer Kraft lieben und unseren Nächsten wie uns selbst*, berief er uns dazu, eine ritualisierte Religiosität gegen eine echte Liebesbeziehung mit Gott einzutauschen und anderen dieselbe Form der Aufmerksamkeit anzubieten, die wir uns selbst zukommen lassen.
- Als Jesus in seinen Lehren immer wieder davon sprach, wie wichtig es ist, *sich um die Armen, Machtlosen und Unterdrückten zu kümmern*, beschrieb er ein völlig neues Wertesystem.
- Als er uns sagte, wir sollten *unser Kreuz auf uns nehmen und ihm nachfolgen*, machte er sehr deutlich, dass es Opfer, Härten und den Tod unseres Egos bedeuten würde, wenn wir in seine Fußstapfen treten wollten.
- Als er uns auftrug, *zu allen Völkern der Welt zu gehen, die Gute Nachricht zu predigen, anderen Menschen alles weiterzusagen, was er uns hinterlassen hatte, und sie zu taufen und sie in ihrer Nachfolge zu unterstützen*, stellte er klar, dass sein Wille für uns immer auch die Weltmission einschließt. Der Befehl, unseren Nächsten zu lieben, bezieht sich ebenso auf unseren direkten Nachbarn wie auf die Völker auf der anderen Seite des Globus.

Die Veränderung, nach der Gott sich sehnt, lässt niemanden unberührt: Familien, Ehen, Freundschaften, ökonomische und politische Systeme. Sie richtet die Gedemütigten auf, demütigt die Stolzen und bringt Menschen über alle sozialen und kulturellen Grenzen hinweg zusammen. Gott beruft uns dazu, so zu leben, dass immer die Liebe siegt – im Streit mit unserem Ehepartner, in der Begegnung mit einem Fremden, in den Entscheidungen des täglichen Lebens, in unserer Reaktion auf eine Bitte, in unserer Einstellung gegenüber einem Widersacher … in der Art und Weise, wie wir uns einbringen.

Ein Augenblick voller Kraft

Wenn ich langjährige Mitarbeiter frage, wann sie „Lebenslängliche" geworden sind – Christen, die in Gottes Team mitarbeiten, solange dieser ihnen die Luft zum Atmen gibt –, können sie sich fast alle an einen speziellen Moment erinnern, in dem sie diese Hingabe besiegelt haben.

> „In diesem Augenblick", heißt es dann immer wieder, „habe ich gespürt, dass der Herr des Himmels und der Erde mich gebrauchen kann, und ich habe festgestellt, dass es nichts auf der Welt gibt, das besser ist. Diese Erfahrung schlägt alles um Längen, was ich sonst erlebt habe!"

Ob sie einem Kind erklärt haben, wie es beten kann, oder jemanden zum Glauben geführt haben oder einem zerstrittenen Paar geholfen haben, wieder zueinander zu finden, oder einem Obdachlosen ein warmes Essen ausgeteilt haben oder, oder, oder … alle hatten das Gefühl, nie mehr derselbe sein zu können.

In Apostelgeschichte 13, Vers 36 berichtet Lukas über König David: „David selbst hatte nur eine Aufgabe an seiner eigenen Generation zu erfüllen. Dann ist er nach Gottes Willen gestorben." Ich liebe die Klarheit dieses einfachen Satzes! David hat keine Zeit damit verschwendet, dem Wind nachzujagen. Er hat sich Gottes Zielen verschrieben und starb in dem Wissen, dass sein einziges Leben seinem eigentlichen Sinn und Ziel gedient hat.

Zuschauer oder Mitspieler?

Ich war nie ein großer Sportler, aber ich habe genügend Spiele bestritten, um zu wissen, dass es beim Sport immer viel spannender ist mitzumachen, als nur zuzuschauen.

In den frühen 1980er Jahren spielte ich mit einigen Kumpels in einer Hobby-Football-Mannschaft in einem Park. Die meisten Teams, gegen die wir antraten, bestanden aus Bauarbeitern, die nach Feierabend nur noch den Wunsch hatten, Leute zu verhauen. Wir Jungs aus der Gemeinde waren weder groß noch stark, aber mit Geschwindigkeit und Taktik schlugen wir uns ganz gut. Ein paar Mal haben wir sogar die Sonntagnachmittagsmeisterschaft gewonnen.

In diesen fünf Jahren war ich auch als Kaplan des berühmten Football-Teams der *Chicago Bears* tätig. Ich bekam erstklassige Tickets für die Spiele in der Zeit, als die *Bears* auf spektakuläre Weise dem *Super Bowl*-Finale immer näher kamen.

So saß ich also an manchen Sonntagnachmittagen im Stadion und sah zu, wie die *Bears* ihre Gegner eintüteten. Ich versuchte, mich auf das Spiel zu konzentrieren, doch dann sah ich, wie jemand einen schwierigen Pass auffing … und ich wünschte mir, ich stünde selbst auf dem Feld. Ich beobachtete einen gekonnten Wurf … und erinnerte mich an den knochenknirschenden Zusammenstoß mit einem der Bauarbeiter letzte Woche. Trotz der blauen Flecken hätte ich sofort meinen erstklassigen Platz im Stadion gegen den auf dem holprigen Rasen im Park eingetauscht, weil ich viel lieber selbst mittendrin gewesen wäre, als nur zuzuschauen!

Im Augenblick ist das Segeln meine liebste Freizeitbeschäftigung. Durch die Gnade Gottes war es mir bisher dreimal vergönnt, bei der schönsten Regatta der Welt zuzusehen, dem *America's Cup*. Vom Deck des Bootes eines Freundes aus verfolgte ich, wie die besten Boote und Renncrews der Welt sich in den spektakulären Gewässern vor Auckland in Neuseeland ein heißes Rennen lieferten.

Doch die ganze Zeit dachte ich: *Eigentlich würde ich lieber auf meinem alten, verbeulten Boot mit meinen acht Kumpels an einer unserer kleinen Regatten zu Hause auf dem Michigan-See teilnehmen, statt hier beim ‚America's Cup'-Finale nur Zuschauer zu sein!*

Zuschauen kann es eben niemals mit der Spannung und dem Spaß aufnehmen, den man hat, wenn man mitten im Geschehen drin ist. Lieber werde ich beim Rennen patschnass und bekomme einen Sonnenbrand, als dass ich von dem gepflegten Deck eines Bootes zusehe und dabei eine eisgekühlte Limonade schlürfe. Und ich bin sicher nicht der Einzige, dem es so geht.

Jeder Kirchgänger muss eine Entscheidung treffen. Er kann jeden Sonntag den Wagen auf seinem angestammten Parkplatz abstellen, seinen Sitz in seiner Lieblingsreihe einnehmen, einen guten Gottesdienst genießen, danach noch mit ein paar Leuten schwatzen und dann wieder nach Hause fahren. Auf diese Weise macht er eine nette, sichere Sonntagmorgen-Erfahrung. Oder er kann sich mitten ins Abenteuer stürzen, indem er die Ärmel hochkrempelt, sich Gleichgesinnten anschließt und mithilft, Gemeinde zu bauen, so wie Gott ihn berufen hat.

Ich bekomme ständig Briefe und E-Mails von ehrenamtlichen Mitarbeitern, die entdeckt haben, dass es viel befriedigender ist, sich einzubringen, als nur von außen zuzusehen. Hier ein Beispiel von vielen:

„Vor inzwischen drei Jahren haben Sie mich dazu eingeladen, in der Gemeinde mitzuarbeiten. Zuerst habe ich gezögert, doch Sie haben nicht aufgehört, mich anzusprechen und zu ermutigen. Heute kann ich Ihnen gar nicht genug dafür danken! Die Bedeutung, die es für mich hat, richtig dazuzugehören, die Freundschaften, die ich aufgebaut habe, das geistliche Wachstum, das ich erlebe – das hängt alles direkt damit zusammen, dass ich meinen Platz im Dienst in der Gemeinde gefunden habe.

Ich werde Ihnen für den Rest meines Lebens dankbar sein, dass sie mich in die ‚Mannschaft' gewählt haben!"

In diesem Buch werden Sie immer wieder Ausschnitte aus E-Mails oder Briefe lesen, die mir Mitarbeiter geschrieben haben, die den Sinn ihres Lebens fanden, als sie sich endlich trauten, sich voll in die Gemeinde einzubringen. Die meisten von ihnen fanden den perfekten Ort für ihre Mitarbeit nicht über Nacht. Viele haben zunächst einmal treu in einer nicht so ganz idealen Situation mitgearbeitet, bis sie den Bereich fanden, in dem sie richtig gut sind. Einige hatten überhaupt keine Ahnung, wo sie anfangen sollten. Doch sie haben trotzdem angefangen! Sie haben herumprobiert, experimentiert, sich durchgebissen. Obwohl sie manchmal Angst hatten oder annahmen, sie hätten wenig zu bieten, haben sie sich dazu entschlossen, den ersten Schritt zu wagen.

Ein paar von denen, deren Briefe Sie lesen werden, haben jahrelang versucht, die Stimme in ihrem Inneren zum Schweigen zu bringen, die sie von ihrem egozentrischen Leben zum Dienst rief. Doch Gott lässt sich nicht den Mund verbieten. Und inzwischen sind sie die enthusiastischsten Fürsprecher für Mitarbeit in der Gemeinde, die man sich vorstellen kann.

Ein Mann schrieb mir Folgendes:

„Mein Leben drehte sich ausschließlich um eines: um mich! Ich war ein Egoist, der weder ein Ziel noch ein Herz für irgendetwas hatte. Im Grunde lebte ich ein ziemlich trauriges Leben und verschwendete jede Menge Zeit und Geld für Alkohol und billige ‚Kicks'. Dann ging ich eines Tages in eine Kirche und hörte die Gute Nachricht von Jesus Christus: ‚Gib dein Leben hin und du wirst wahres Leben finden.' Ich hatte nicht viel zu verlieren, also beschloss ich, es einfach mal zu probieren. Und von diesem Moment an begann sich mein Leben zu verändern und Jesus wurde immer realer für mich. Ich begann, mit Teenagern zu arbeiten, und fand einen Sinn, einen Grund für meine Existenz.

Das ist jetzt 21 Jahre her. Heute ist mein Leben reicher, als ich mir früher je vorstellen konnte. Anderen Menschen zu dienen, das hat etwas verändert. Es war eine der besten Entscheidungen, die ich je getroffen habe!"

Hier der Bericht einer Frau namens Marty:

„Vor zwei Jahren habe ich angefangen, in einer Gruppe mitzuarbeiten, die sich um Kinder kümmert, deren Eltern geschieden sind. Ich bin selbst geschieden und weiß nur zu gut, wie schwer es war, als allein erziehende Mutter zu leben, das ganze seelische Chaos zu bewältigen und immer so wenig Energie für die Kinder übrig zu haben. Als ich von dieser Arbeit hörte, war ich sofort ganz sicher, dass Gott mich dazu aufrief, dort mitzumachen.

Jede Woche sehe ich, wie Kinder voller Wut und Angst zu uns kommen und mit neuer Hoffnung und Frieden im Herzen wieder nach Hause gehen. Ich wünschte, meine eigenen Kinder hätten damals so eine Gruppe gehabt!

Viele Christen zögern, sich in ihrer Gemeinde einzubringen, weil sie Angst haben zu versagen. Mir ging es auch so. Aber wenn wir Gott die Führung überlassen, zeigt er uns schon, wo wir uns einbringen können. Und dann finden wir ein unglaubliches Gefühl der Befriedigung und der Freude. Das würde ich um nichts in der Welt missen wollen!“

Ob ich mich schuldig fühle, weil ich Menschen dazu auffordere, in unserer Gemeinde mitzuarbeiten? Nein, nein und nochmals nein! Denn ich weiß, dass das, was Marty schreibt, wahr ist. Menschen, die Gott erlauben, die Führung in ihrem Leben zu übernehmen und ihnen den Dienst zu zeigen, in dem sie nach seinem Willen mitarbeiten sollen, erfahren ein unglaubliches Gefühl der Befriedigung und der Freude.

Wie ist es mit Ihnen? Ist es Zeit für Sie, von der Tribüne aufzustehen, über ein paar Bänke zu steigen und aufs Spielfeld zu kommen? Ich garantiere Ihnen, dass es viel, viel aufregender und befriedigender ist, ein Teilnehmer zu sein, als nur zuzusehen. Warum andere dabei beobachten, wie sie die Welt verändern, wenn Sie selbst dabei sein können?

Sie sind dran!

2. „Ich kann nicht fassen, dass ich das machen darf!"

Eric kennt sich mit Geld aus. Seit beinahe 30 Jahren ist er als Banker tätig und hat Millionen und Abermillionen von Dollars auf der ganzen Welt verteilt. Und es macht ihm Spaß! „Ich bin der Herausforderung nie müde geworden", sagt er. Doch bei allem Erfolg und bei aller Freude, die ihm sein Beruf macht, sind andere Bereiche seines Lebens unterentwickelt und unerfüllt geblieben.

Bevor er ins Bankgeschäft einstieg, hatte Eric als Lehrer gearbeitet. Sein Herz für Kinder, die aus einem problematischen Umfeld stammen, hatte er nie verloren – und das war gut so, denn plötzlich lebte ein äußerst bedürftiges Kind in seinem eigenen Haushalt!

Erics Frau Karen hatte beschlossen, ein Pflegekind aufzunehmen, als das Jüngste ihrer eigenen vier Kinder sieben Jahre alt war. Eric hatte die Entscheidung unterstützt, ihr aber auch gesagt, dass sie sich allein um das Kind kümmern müsse, weil er beruflich so stark eingespannt war.

Doch das Kind wurde schnell zur „Familienangelegenheit". Die elf weiteren Pflegekinder, die in den folgenden zehn Jahren bei ihnen lebten, erweckten Erics Herz zu neuem Leben. Als sich ihm die Chance bot, schon früher in Rente zu gehen, nahm er die Gelegenheit wahr, „die Welt der Hochfinanz zu verlassen, um etwas ‚Herzlastigeres' zu tun, etwas, für das ich wirkliche Leidenschaft empfand". Seit dieser Zeit hat sich Eric zu etwas entwickelt, das er „hauptberuflicher Ehrenamtlicher" nennt.

Er und sein erwachsener Sohn sind seither jedes Jahr für zwei Wochen in das „Arbeitslager" mitgefahren, bei dem Reparaturen und Bauarbeiten an unserem Gemeinde-Ferienheim im Norden von Michigan vorgenommen werden. Eric war außerdem ein Mitglied des „Gemeindegelände-Teams", das sich um die Anlagen rund um unser Gemeindezentrum kümmert. Und er hatte zusammen mit seiner Frau angefangen, eine Kleinkindergruppe bei *Promiseland*, unserer Arbeit mit Kindern, zu leiten.

Da er jetzt nach seiner Frühpensionierung mehr Zeit zur Verfügung hatte, schloss er sich noch einer unserer Handwerkergruppen an. Diese Teams von etwa 20 Leuten treffen sich jeden Montag: In einer Woche machen sie eine Bibelarbeit und tauschen sich über das aus, was in ihrem Leben passiert, und in der nächsten kümmern sie sich um alle in unserer Gemeinde anfallenden Reparatur- und Ausbauarbeiten. Damit helfen sie uns, Handwerkerrechnungen von vielen tausend Dollar einzusparen, die wir stattdessen für die verschiedensten Dienste ausgeben können, die das Leben von Menschen verändern. „Es ist eine Frage guter Haushalterschaft", erklärt Eric. „Warum sollte die Gemeinde viel Geld für Arbeiten ausgeben, die von Ehrenamtlichen gemacht werden können, die das gern umsonst tun?"

Eric ist seiner ursprünglichen Passion noch näher gekommen, indem er sich einer überkonfessionellen Arbeit angeschlossen hat, die in sozial schwachen Gegenden Bauprojekte und Rehabilitationsgruppen leitet. Er leitet eine Gruppe unserer „Diakonischen Arbeit in sozialen Brennpunkten", die Wochenendeinsätze für Personen anbietet, die sich in Zusammenarbeit mit städtischen Organisationen in der überkonfessionellen Arbeit mit Obdachlosen, gefährdeten Jugendlichen, allein erziehenden Müttern, Strafgefangenen, Prostituierten und anderen Gruppen engagieren wollen.

„In der Bibel heißt es, dass Glaube ohne Werke tot ist", sagte Eric. „Und es gibt doch so viele Möglichkeiten, unseren Glauben praktisch werden zu lassen."

Als Berater unserer Abteilung für Internationale Dienste finden Erics Können und Erfahrungen im Bereich der Finanzen ebenso sinnvolle Anwendung wie seine Fähigkeiten im handwerklichen Bereich. So kommt es, dass er in der einen Woche bei einem Meeting endlose Zahlenkolonnen niederschreibt, während er eine Woche später Dachschindeln auf einer neuen Kirche in einer unterprivilegierten Gegend in Südamerika festnagelt.

Seine Frau Karen ist ebenfalls „hauptberufliche Ehrenamtliche". Neben ihrer Tätigkeit als Pflegemutter bereitet sie der Gruppe von Obdachlosen, die sich jeden Donnerstag in unserer Gemeinde einfindet, alle zwei Wochen ein schmackhaftes Essen zu. Sie hat diesen Job angefangen, weil ihre Teenager-Tochter dort mitmachen wollte und sie sie begleitete. Und dann ist sie dabei hängen geblieben. „Ich hätte mir vorher nie vorstellen können, was für ein gutes Gefühl es ist, unsere Gäste willkommen zu heißen und ihnen ein bisschen Behaglichkeit zu bieten."

Im vergangenen Sommer fuhren sie und ihre Tochter eine Woche in ein Waisenhaus in Mexiko, um dort zu helfen. „Meine Tochter dabei zu beobachten, wie sie Essen ausgab, Haare wusch und mit den Kinder spielte und sang, war für mich als Mutter eines der tollsten Erlebnisse", erzählt Karen.

Sie hilft außerdem einmal in der Woche vormittags in einem Kindergarten in der Nähe ihres Wohnortes aus. „Die dortige Erzieherin ist völlig überlastet und hat weder Zeit noch Energie, mit den Kindern zu basteln oder Handarbeiten zu machen. Also gehe ich hin und mache all diese Dinge mit den Kleinen." Auf dem Tisch in Karens Wohnzimmer stehen neben den gerahmten Fotos von ihren eigenen und den Pflegekindern auch verschiedene Schnappschüsse von den Kindergartenkids, die stolz ihre selbst gemachten Kunstwerke vorzeigen. Karen hat immer ein breites Lächeln im Gesicht, wenn sie diese Fotos betrachtet.

„Ich habe auch schon häufiger darüber nachgedacht, meine Zulassung als Physiotherapeutin wieder zu erneuern", berichtet Karen. Das jüngste ihrer eigenen vier Kinder ist jetzt beinahe erwachsen und im Augenblick betreut sie kein Pflegekind. „Doch dann denke ich wieder: Warum eigentlich? Ich bin mit meiner ehrenamtlichen Berufstätigkeit doch so glücklich und sie macht mir so viel Spaß!"

„Viele Jahre lang war mein Job meine ganze Leidenschaft", sagt Eric. „Ich habe hart gearbeitet und geglaubt, dass ich mich nur über meinen Erfolg in der Wirtschaft definieren kann. Aber das hat sich geändert – von Grund auf!"

In einem Brief, den sie ihm zu Weihnachten schickte, schrieb Erics Tochter: „Papa, als du in der Bank aufgehört hast, hast du ein ganz neues Kapitel deines Lebens aufgeschlagen. Und das hat dich zu einem ganz anderen Menschen gemacht. Du hast ein riesiges Herz, das jedes Mal rasch schlägt, wenn du von einem Projekt zurückkommst. Ich kann jetzt sehen, für was dieses Herz wirklich schlägt."

Für Eric ist dies eine neue und viel bessere Definition von Erfolg!

Der Lohn der Mitarbeit

Es gibt nur wenig, das mich als Leiter glücklicher macht, als beobachten zu können, wie Menschen wie Eric und Karen entdecken, dass Gott ihre kleinen und oft verborgenen Zeichen der Liebe gebraucht, um Leben, Gemeinden, Orte und schließlich die Welt zu verändern. Ich sehe es unendlich gern, wenn Menschen in ihrem täglichen Leben praktizieren, was ich von ganzen Herzen glaube: dass Christen, die sich in ihrer Gemeinde einbringen, die Gesellschaft positiv beeinflussen können und gleichzeitig tiefe innere Befriedigung finden.

Doch es kann manchmal ganz schön lange dauern, bis man lang gehegte Vorurteile und Abneigungen gegen die ehrenamtliche Mitarbeit aus dem Weg geräumt hat. Viele Menschen glauben immer noch, dass Mitarbeit in der Gemeinde mehr mit Pflicht und Plackerei zu tun hat als mit Freude und Erfüllung. Leider ist das auch manchmal wirklich so.

Viel zu viele willige Helfer sind schon verheizt worden. Sie sind der Einladung nachgekommen, sich in der Gemeinde einzubringen, und sind dann bei einer Aufgabe gelandet, die ihnen ganz anders angepriesen wurde.

Oder sie steigen in einen Dienst ein und müssen feststellen, dass es eigentlich gar nichts zu tun gibt.

Manche schuften sich ab, ohne jemals zu erfahren, ob ihre Bemühungen eigentlich irgendjemandem etwas bringen. Sie wurden mit jeder Menge Arbeit eingedeckt, ohne dass man ihnen auch eine Vision dafür vermittelt hätte, welches Ziel ihre Arbeit verfolgt bzw. was sie erreichen kann.

Andere fühlen sich von überwältigenden Aufgaben überfordert, für die sie nicht das nötige Wissen haben; statt Erfüllung zu finden, rasen sie auf der Überholspur Richtung Frust und Versagen dahin.

Viele sind verletzt worden, weil ein gestresster Leiter sie einfach in irgendeine Lücke gestopft hat, ohne ihre Gaben und Talente zu kennen und zu berücksichtigen. Und wieder andere haben viele Stunden und manchmal sogar Jahre im ehrenamtlichen Dienst zugebracht, ohne auch nur ein einziges Dankeschön zu erhalten.

Doch so muss es nicht laufen! Die Berichte in diesem Buch erzählen von der tiefen Befriedigung, die man erfahren kann, und dem großen positiven Einfluss, den Mitarbeiter auf andere Menschen haben können. Karen und Eric bilden da keine Ausnahme. Ich glaube, dass die Freude und Erfüllung, die sie in ihrem Engagement für die Gemeinde gefunden haben, die Norm sein sollte und kann!

Meine Erfahrungen mit Mitarbeitern stammen hauptsächlich aus der Gemeinde, die ich nun schon seit fast drei Jahrzehnten leite. In den frühen Jahren unseres Gründungsabenteuers haben wir als Leitungsteam einige schmerzhafte Lektionen darüber lernen müssen, wie man mit Mitarbeitern umgeht – und wie nicht. Die Verletzungen, die wir bei missverstandenen und „missbrauchten" Mitarbeitern beobachtet und selbst verursacht haben, haben uns dazu gezwungen, unsere Fehler einzusehen und schnell zu lernen, wie man diese willigen Helfer besser unterstützt und ermutigt.

Über die Jahre haben wir viel gelernt und wir lernen noch immer dazu. Einmal im Monat treffen sich alle Bereichsleiter unserer Gemeinde, um folgende Fragen zu erörtern:

- Kümmern wir uns in ausreichendem Maß um unsere ehrenamtlichen Mitarbeiter?
- Bieten wir ihnen die richtigen Schulungen und Entwicklungsmöglichkeiten?
- Gibt es noch bessere Methoden, wie wir neue Mitarbeiter finden und ermutigen können?

- Was erleben die langjährigen Mitarbeiter in unserer Gemeinde wirklich?
- Wachsen sie geistlich?
- Fühlen sie sich als wichtiger Bestandteil eines Teams?
- Verleiht ihnen die übergeordnete Vision unserer Gemeinde neue Energie?

Dann sprechen wir mit möglichst vielen Mitarbeitern über diese Dinge, um aus ihren Erfahrungen und Anregungen zu lernen und die „Mitarbeiterkultur" in unserer Gemeinde weiter zu verbessern. Dieses Buch ist zu großen Teilen aus diesen Gesprächen entstanden.

Aus den Erfolgen lernen

Nicht jeder hat die Möglichkeit, so wie Eric und Karen „hauptberuflich Ehrenamtlicher" zu sein. Doch viele Christen haben schon erkannt, dass es sehr lohnend sein kann, zwischen einem Vollzeitjob und den Aufgaben als Eltern einige Stunden in die Mitarbeit zu investieren. Lassen Sie mich von ein paar Menschen erzählen, die ich kenne.

An einem ganz normalen Samstagmorgen, sagen wir im November, fahre ich gegen sieben Uhr auf den Parkplatz der Gemeinde. Verschiedene Teams sind dann bereits dabei, unsere Grünanlagen für den Winter vorzubereiten – sie kehren Blätter zusammen, reinigen die Beete und pflanzen neue Blumenzwiebeln für den Frühling. Da die Mitarbeit in diesem Bereich besonders familienfreundlich ist, sind auch viele Kinder dabei (und Kinder, die früh mithelfen, werden oft auch als Erwachsene freudige Mitarbeiter!).

„Jedes Mal, wenn ich das Gelände der Gemeinde betrete", sagt einer der Gartenpfleger, „sehe ich die Blumen, die Bäume und den See, die so friedlich und harmonisch aussehen, und ich freue mich darüber, dass ich einen Beitrag dazu leiste, dass die Menschen einen schönen Anblick genießen und innerlich zur Ruhe kommen, wenn sie hierher kommen, um Gottes Wort zu hören. Es ist toll, ein Teil von alledem zu sein!"

Als ich den Wagen parke, fallen mir zwei dunkelgrüne Traktoren mit glänzenden Alu-Anhängern auf, die hinten auf dem Parkplatz stehen. Sie gehören einem unserer Mitglieder, der eine eigene Lebensmittel-Firma betreibt. In den Anhängern werden Tausende von Tüten mit Lebensmitteln gesammelt, die unsere Gemeindemitglieder für unsere *Food Pantry* („Speisekammer") spenden, eine Art „Selbstbedienungsladen" mit Nahrungsmitteln für sozial schwache Familien. Vor bestimmten Gottesdiensten stellen die Spender ihre Einkäufe in Tüten hinter ihren Wagen auf dem Parkplatz und ein Team von Ehrenamtlichen fährt mit den Traktoren herum und sammelt alle Tüten ein.

Manche Gemeindemitglieder, beispielsweise auch mein Sohn und seine Freunde, machen in der Nachbarschaft Werbung für dieses Projekt. Sie klopfen an Türen und reichen den Bewohnern leere Einkaufstüten mit der Bitte, diese doch für bedürftige Mitmenschen zu füllen. „Stellen Sie die Tüte mit dem, was Sie beitragen wollen, einfach morgen Abend an die Straße, und wir garantieren Ihnen, dass Ihre Spende genau die Menschen erreicht, die sie wirklich nötig haben." Manchmal können diese Freiwilligen an einem Abend 40 Tüten mit Lebensmitteln einsammeln und in die Anhänger packen!

Wenn die voll beladenen Gespanne an der „Speisekammer" ankommen, warten dort schon weitere Helfer, um alles abzuladen und in die Regale zu sortieren. Hunderte von Mitarbeitern sind an diesem Projekt beteiligt. Und noch Hunderte mehr arbeiten in Schichten in der „Speisekammer", um bedürftigen Menschen Nahrung zu geben – und zwar weitaus mehr als nur „Essbares". Sie beten und reden mit Menschen, die oft geistlich noch hungriger sind als körperlich.

Patsy, eine lebenslustige Mutter von vier Kindern, leitet dieses großartige Projekt. Eines Tages sprach ich mit ihrem Mann Mike, der ihr nicht nur bei dem Mammutvorhaben geholfen hat, die riesige „Speisekammer" an einen anderen Ort umzusiedeln, sondern auch noch in verschiedenen anderen Bereichen der Gemeinde mitarbeitet. Ich äußerte die Befürchtung, dass wir sie ganz schön ausnutzten. Seine Antwort ließ keinen Zweifel an den Gefühlen, die er und Patsy hegten:

„Machst du Witze? Wir hätten ein Loch von der Größe des Grand Canyon in unseren Herzen, wenn wir das nicht machen dürften! Wir könnten uns ein Leben ohne diese Arbeit gar nicht vorstellen!"

In den einzelnen Räumlichkeiten unserer Gemeinde selbst sind viele weitere Samstagmorgen-Mitarbeiter zu Gange.

Die Licht- und Tontechniker für unsere Teenagerarbeit haben alles für das Vormittagsprogramm vorbereitet und führen gerade eine Generalprobe durch. Lobpreismusik lässt die Wände ihres großen Saales erbeben. Irgendwo in dem Gewusel aus Menschen, die Kabel verlegen und letzte Anweisungen rufen, befinden sich auch ein oder zwei bezahlte Vollzeitmitarbeiter. Doch die Band, die Produktionshelfer, die Techniker und sämtliche Kleingruppenleiter sind Ehrenamtliche; Durchschnittsalter 18 Jahre. Was auch immer sie am gestrigen Freitagabend gemacht haben – es hält sie nicht davon ab, so früh am Samstagmorgen zur Stelle zu sein, um das Leben von rund 1 000 Teenagern positiv zu beeinflussen.

In der Zwischenzeit krabbeln im Auditorium viele Mitarbeiter auf Knien zwischen den Stuhlreihen herum und reinigen die Stühle, die an Kinosessel erinnern. Das tun sie jeden Samstagmorgen als Vorbereitung auf die Wochenendgottesdienste. Dale, einer dieser „Kniekriecher", geht nun schon beinahe 30 Jahre in unsere Gemeinde. Er ist der Chef einer großen Immobilienfirma, doch seinen Samstagsjob nimmt er mindestens ebenso ernst. Zwei Dinge verbinden die Stuhlreiniger: Sie lachen viel zusammen, und sie beten bei jedem Stuhl für die Person, die an diesem Wochenende darauf sitzen wird.

In einer anderen Stuhlreihe ist das Reparatur-Team dabei, wacklige Beine zu befestigen und beschädigte Bezüge zu flicken. Alle Holzspäne und Wollreste, die sie dabei zurücklassen, werden gleich darauf von den Staubsaugern beseitigt, die dem Reparaturdienst durch die Reihen folgen. Irgendwie geht man ja davon aus, dass saubere, standfeste Stühle einfach so von selbst existieren, nicht wahr?

Im Buchladen ist Grace, 78 Jahre jung, damit beschäftigt, die Regale aufzustocken und früh eintreffende Besucher zu beraten. Ihr Mann Dave, stolze 83, hilft beim Kassettenverkauf mit. Gemeinsam leiten sie außerdem einen Hauskreis. Sie haben in den frühen 1980er Jahren mit der Mitarbeit begonnen, als Dave als Ingenieur noch voll berufstätig war. Seitdem haben sie in einem Dutzend Bereichen treu gedient. Am Anfang waren Daves Wochentage mit Arbeit und Familie voll ausgefüllt, doch an den Samstagen konnte er Zeit erübrigen. Also hat er zehn Jahre lang jeden Samstagnachmittag damit verbracht, sämtliche Mülleimer in unseren Räumlichkeiten zu leeren (zu diesem Zeitpunkt hatten wir noch keinen fest angestellten Hausmeister). Während er an den Sonntagen darauf wartete, dass Grace im Buchladen fertig war, wanderte er durch die Kleinkinderbetreuungsräume und sammelte schmutzige Windeln ein. Er hat auch als beratender Ingenieur bei großen Gemeindebauprojekten mitgewirkt; erst kürzlich sah ich ihn an einem Konferenztisch über dem Plan für ein neues Belüftungssystem brüten. Obwohl Dave nun schon seit langem gegen eine Krebserkrankung kämpft, arbeiten beide weiterhin mit. „Es ist das Erfüllendste, was wir je gemacht haben", sagen sie.

In einem anderen Raum bereiten sich Jim und seine Frau Lynn auf ihren allmonatlichen Workshop vor, der neuen Gemeindemitgliedern dabei hilft, sich einer Kleingruppe anzuschließen und Gelegenheiten zu finden, wie sie sich in der Gemeinde einbringen können. Jim, der unter der Woche für die Computersysteme einer großen Recyclingfirma zuständig ist, leitet und schult die einzelnen Mitarbeiter, die dann bei dem Workshop mitmachen. Lynn, die zu unserem bezahlten Personal gehört, bringt sich außerdem noch ehrenamtlich ein, indem sie persönlich neue Gemeindemitglieder berät, die auf der Suche nach ihrem Platz zum Mitarbeiten sind. Außerdem haben Lynn und Jim ihr Haus für Gäste aus aller Welt geöffnet, die zu Konferenzen und Veranstaltungen in unsere Gemeinde kommen. Jim hat auch beinahe 15 Jahre lang in einer unserer Bands Trompete gespielt, während Lynn in einem Gebetsteam mitgemacht hat. Als ich sie befragte, wie sie zu ihrer Mitarbeit stehen, strahlte Jim über das ganze Gesicht. „Es wird nie langweilig", sagte er. „Wir lieben es einfach, uns hier einzubringen. Es ist unser Leben!"

Um 8:15 Uhr haben sich langsam die Räume von *Promisetowne*, unserer Kinderbetreuung, mit Babys, Krabbelkindern und Kindergartenkids bis zum Alter von 6 Jahren gefüllt. Während ihre Mütter und Väter sich in den verschiedensten Bereichen nützlich machen (zum Beispiel in einem Workshop für Berufsberatung, einer Unterstützergruppe für Alzheimer-Kranke und deren Angehörige oder im Gebetsteam, das für die Anliegen betet, die dort schriftlich eingereicht werden), spielen und lernen die Kinder unter der Aufsicht von anderen Mitarbeitern. Diese „Babysitter" möchten jungen Eltern die Möglichkeit geben, die Freuden des Dienens zu erleben. *Promisetowne* ist an vier Tagen in der Woche geöffnet. 80 bis 90 Mitarbeiter betreuen hier bis zu 100 Kinder am Tag und ermöglichen es den Eltern, sich entsprechend ihrer Gaben und Talente in der Gemeinde einzubringen.

Als wir unsere Gemeinde gründeten, hatten wir kein Geld, um bezahlte Kräfte einzustellen. Wir hatten einen Traum ... und sonst nichts. Also fingen wir alle als Ehrenamtliche an. Ich trieb mich nachts auf dem *Water Street Market* in Chicago herum und kaufte Produkte für den Großhandel meines Vaters ein. Lynne gab Flötenunterricht und jobbte in einem christlichen Buchladen. Andere arbeiteten als Lehrer, Busfahrer oder Immobilienmakler. Wir hatten einen Werkzeugmacher, einen Videoproduzenten und einen Drucker. Viele von uns studierten noch. Doch wir waren überzeugt, dass wir unseren Traum wahr werden lassen konnten, wenn wir unsere Zeit und unsere Gaben so treu wie nur möglich einsetzten.

Rückblicklickend muss ich sagen, dass unser Mangel an Geld vermutlich ein Segen war. Er zwang uns dazu, über eine wichtige Wahrheit zu stolpern: Die Gemeinde ist eigentlich vorrangig eine Organisation aus freiwilligen Helfern. Die Kraft einer Gemeinde besteht wirklich und wahrhaftig aus der Energie jedes Einzelnen, indem Männer und Frauen, Jung und Alt, ihre Begabungen und ihre Zeit anbieten, um Gottes Heilsplan voranzutreiben.

Jesus traf eine strategische Entscheidung, als er Petrus, Jakobus, Johannes und die anderen einlud, ihm dabei zu helfen, die Gute Nachricht zu verbreiten. Er hätte seine Arbeit auch ganz anders aufziehen können. Er hätte als Einzelkämpfer auftreten können. Er hätte darauf bestehen können, dass seine Jünger alle zunächst einmal zwei oder drei Jahre vollzeitlich als Missionare arbeiteten. Doch er beschloss, seine Vision auf den Schultern von ganz gewöhnlichen Menschen aufzubauen, die in der wirklichen Welt mit ganz normalen Familien, Jobs und Freunden lebten. Er glaubte offensichtlich, dass die Fähigkeiten, die man braucht, um Tontöpfe herzustellen, Schafe zu hüten und Brot zu backen, auch im Reich Gottes ihre nützliche Verwendung finden würden.

Der Apostel Paulus war so sehr von dem Konzept der ehrenamtlichen Mitarbeit in der Gemeinde überzeugt, dass er im 9. Kapitel des 1. Korinther-Briefs die Leser daran erinnerte, dass er selbst auch ein Ehrenamtlicher war. Er finanzierte sich durch seinen Job als Zeltmacher selbst, sodass er seinen Dienst versehen konnte, ohne einer Gemeinde auf der Tasche zu liegen.

Ich bin ein bezahlter Angestellter von *Willow Creek*. Und ich bin unendlich dankbar für die anderen begabten, hart arbeitenden und kreativen Angestellten, mit denen ich zusammenarbeiten darf. Doch das Reich Gottes kann nicht nur durch die Bemühungen von bezahlten Mitarbeitern vorangebracht werden. Ich glaube fest daran, dass die Gemeinde Gottes die Hoffnung der Welt ist. Doch diese Hoffnung beruht auf der Bereitschaft von ehrenamtlichen Helfern aus allen Schichten und Klassen – Ärzte, Lehrer, Mütter, Manager, Studenten, Krankenschwestern, Großmütter, pensionierte Ingenieure, Schreiner, Zahnarzthelferinnen, Friseurinnen, Schulkinder, Gemüseverkäufer –, die von Gott mobilisiert, bevollmächtigt und eingesetzt werden.

Das Potenzial, alles zu verändern

In den vergangenen Jahren habe ich oft gehört, wie sich großartige Diener Gottes mit „nur ein ehrenamtlicher Mitarbeiter" beschrieben haben. Bevor ich noch eine einzige Seite schreibe, möchte ich eines sehr deutlich machen: Diese herabwürdigende Formulierung sollte keinen Platz in Ihrem Vokabular haben!

Die Gemeinde, deren Pastor ich bin, würde nicht existieren, wenn nicht hoch motivierte Ehrenamtliche jeden Monat Tausende von Stunden in sie investieren würden. So viel Geld gibt es gar nicht, dass man all die guten Taten bezahlen könnte, die jeden Tag im Namen Gottes in Ihrer und meiner Gemeinde getan werden müssen! Ohne den Einsatz unserer ehrenamtlichen Mitarbeiter würden zahllose Wunden nie geheilt, Münder nicht gefüllt, Trauernde nicht getröstet, Ehen nicht gerettet, Einsame nicht umarmt, Kinder nicht betreut. Unzählige Becher kühles Wasser würden nicht in Jesu Namen ausgeschenkt und unzählige geistlich Suchende würden nie mit Jesus bekannt gemacht.

Ganz egal, ob Gott Sie mit 40 Stunden Zeit in der Woche gesegnet hat oder ob Sie kaum 40 Minuten abknapsen können – Sie haben das Potenzial, um in Ihrem Winkel der Welt etwas zu verändern!

Was haben Sie anzubieten? Mehr als Sie vermutlich annehmen! Sie haben die Gaben und Talente, die Ihnen Gott in die Wiege gelegt hat. Die Leidenschaften, die Sie inspirieren. Die Segnungen Ihrer Ausbildung. Die Fähigkeiten, die Sie in Ihrem bisherigen Leben erworben haben. Die Lebenserfahrungen, die Sie reifen ließen. Den Schmerz, der Ihnen Tiefe verliehen hat. Die Nächstenliebe, die von Gottes Herz in Ihres fließt.

Dies alles sind wertvolle Werkzeuge, mit denen Gott jedes seiner Kinder ausgestattet hat. Warum? Damit wir anderen Gutes tun können. Eine meiner Lieblingsdefinitionen von Kirche lautet „Gemeinschaft des Segens“ – eine Gemeinschaft, die von Gott gesegnet ist, damit sie die Welt segnen kann.

Wenn Sie sich einmal dafür entschieden haben, wenigstens einen kleinen Teil der Segnungen, die Gott Ihnen geschenkt hat, für andere einzusetzen, werden Sie schnell feststellen, dass Sie eine Saat in Ihrer Seele ausgesät haben, die von enormer Wuchskraft ist. Und eines Tages wird diese Saat mitten in Ihrem Mithelfen und Mitarbeiten aufgehen und die erstaunliche Erkenntnis freisetzen, dass dies in der Tat genau das ist, wofür Sie geschaffen wurden!

3. Dienst: die große Herausforderung

„Wir lieben, dienen und sorgen für andere, weil dies das normale Verhalten für Menschen ist, die von Gottes Geist erfüllt sind. Wir sind Christen – Nachfolger Jesu. Und Jesus Christus war der ultimative Diener. Wir können nicht anders, als zu dienen, weil der Geist des großen Dieners unsere Herzen erfüllt hat. Wenn wir dienen, tun wir einfach nur das, was wir von Natur aus sind.“

Steve Sjogren[1]

Die meisten von uns wollen ein sinn- und zielorientiertes Leben führen. Wir möchten uns in eine Sache investieren, die es wert ist. Doch das jahrelange Bombardement mit Botschaften einer Kultur der „Selbstbefriedigung“ haben uns verwirrt: *Hab Spaß! Erfüll dir deine Wünsche! Still deinen Appetit! Stürz dich ins Vergnügen! Es geht nur um dich!*

Wenn uns solche Sprüche lange genug eingeimpft worden sind, wächst in uns verständlicherweise eine gewisse Angst davor, Zeit und Energie in den Dienst an Gott und anderen Menschen zu investieren, denn das könnte ja bedeuten, dass wir selbst dann zu kurz kommen! Was wird wirklich passieren, so fragen wir uns, wenn wir die Bequemlichkeit des Zuschauerraums verlassen und uns auf dem Spielfeld des Dienens schmutzig machen? Werden wir nicht noch mehr Stress haben als bisher und noch mehr schuften müssen … und das ohne schwarze Zahlen auf dem Bankkonto als Entschädigung? Macht das überhaupt Sinn?

Wenn ich eine Aufgabe in der Gemeinde übernehme, so fragen wir uns, *werde ich das am Ende bereuen – oder genießen? Wird mein Leben wirklich erfüllter sein? Oder nur noch anstrengender? Wird es mir helfen, mich geistlich weiterzuentwickeln, oder werden die neuen Anforderungen mich stattdessen nur auslaugen? Warum soll ich mich überhaupt melden? Ist es die Sache wert?*

Diese Fragen verfolgten auch mich 1972, als ich spürte, wie Gott mich dazu drängte, in einer Highschool-Jugendgruppe in Park Ridge in Illinois mitzuarbeiten. Gott sandte mir einen klein gewachsenen, großartigen College-Lehrer namens Gilbert Bilezikian, der die Antworten für mich hatte.

Dr. B., der als Flüchtling aus Armenien seine Jugend im Exil in Paris verbracht hatte, hielt seinen Unterricht mit einem sehr eleganten französischen Akzent – aber seine Botschaft war kein bisschen abgehoben. Sein radikaler Aufruf, Jesus wirklich nachzufolgen und sich mitten in ein Leben des Dienens und der Abenteuer hinzustürzen, riss mich vom Stuhl!

Ich war ein eingebildeter 20-jähriger Kick-Suchender aus einer wohlhabenden Familie. Ich hatte ein schickes Boot, ein Flugzeug, schnelle Autos und noch schnellere Motorräder gehabt, und das schon lange bevor ich sie überhaupt fahren durfte. Ich war lange durch Südamerika, Europa und Afrika gereist und war an der berühmten Copa Cabana in Rio de Janeiro entlangflaniert. Ich wusste, worum es im Leben geht!

Doch dieser kompakte Mann mittleren Alters packte mich mit seinen Worten geradezu im Genick und schüttelte die ganze Selbstsicherheit aus mir heraus. „Wahre Erfüllung bekommt man nie, indem man sich nimmt, was man haben will", sagte er. Während meine Mitstudenten langsam wegdämmerten, brach mir der kalte Schweiß aus. Seine Worte straften alles Lügen, was ich bisher geglaubt hatte.

„Selbstbelohnung wird euch nie das bringen, was ihr eigentlich sucht. Sie führt nur zu Leere und Selbstzerstörung. Und auf dem Weg dorthin werdet ihr andere Leute mit ins Unglück reißen." Ich bekam kaum noch Luft.

Dr. B. erklärte denen, die in seinem Klassenzimmer saßen, dass die meisten Menschen irgendwann herausfinden, wie man ganz nach oben kommt. Wenn man an der *Wall Street* arbeitet, ist das Ziel jede Menge Geld. Wenn man in Hollywood arbeitet, ist der nächste Schritt auf der Erfolgsleiter ein Film, der Preise einheimst. Wenn man in Washington arbeitet, besteht der Schlüssel zum Erfolg darin, so nah wie möglich ans *Oval Office* heranzukommen.

„Wir wollen alle nach oben", erklärte Dr. B., „doch Jesus hat gesagt, dass in seinem Reich der Weg nach oben darin besteht, ein treuer Diener des Vaters und anderer Menschen zu sein."

Ein Diener von allen

Die Entscheidung, Jesus nachzufolgen, veränderte das Leben seiner ersten Jünger radikal. Sie verließen ihre Familien, Freunde und Jobs, um heimatlose Herumtreiber zu werden, die ihre ganze Zukunft auf die oft ziemlich beunruhigenden Aussagen eines revolutionären Lehrers stützten.

Eine Weile kam ihnen das natürlich wie ein ganz tolles Abenteuer vor. Nehmen wir zum Beispiel Petrus. Seit Jahren war er jeden Tag zum Ufer hinuntergegangen, war hinausgeschippert, hatte seine Netze ausgeworfen, mehr oder weniger Fische gefangen, sie auf dem Markt verkauft, für das Geld andere Dinge eingetauscht – und dann war er nach Hause gegangen. Kein sehr aufregendes Leben.

Dann begegnete er Jesus und wurde die rechte Hand des mächtigsten, begabtesten, faszinierendsten Mannes, den er je getroffen hatte. Jesus speiste auf wundersame Weise Tausende von Menschen, heilte Kranke und erweckte sogar Tote zum Leben. Wer konnte sich schon vorstellen, wo das alles hinführen würde? Petrus folgte einem Stern, der im Aufgehen begriffen war.

Doch dann begannen die Dinge, irgendwie aus dem Ruder zu laufen. Jesu Angewohnheit, die selbstsüchtigen Motive der religiösen und politischen Führer seiner Zeit anzugreifen, rief Feindseligkeit hervor. Seine ständigen Aufrufe, ganz anders zu leben, drohten seine Nachfolger in große Schwierigkeiten zu bringen. Überhaupt war Jesu gesamte Philosophie so unangenehm radikal: „Wer unter euch der Erste sein will, muss der Allerletzte werden und allen dienen."

Hm, ist das nicht ein bisschen … extrem?

Und dann kamen die wirklich unbequemen Aufforderungen: „Verleugne dich selbst, nimm dein Kreuz auf dich, gib dein Leben auf." Irgendwann stellt Petrus schließlich die Frage, die wahrscheinlich allen Jüngern unter den Nägeln brannte: „Also gut, wir haben alles aufgegeben, um dir zu folgen – was springt denn nun unterm Strich für uns dabei heraus?" (siehe Matthäus 19,27).

Ich bin ganz sicher, dass in Petrus' Herz der ehrliche Wunsch brannte, alles für Jesus zu geben. Doch auch er war nur ein Mensch. Sein altes Leben war zwar nicht sonderlich spannend gewesen, aber doch zumindest ein bisschen berechenbarer. Er wusste, was er tat, wo es hinging und was für ihn dabei herausspringen würde. Doch mit Jesus musste er alles aufs Spiel setzen, ohne die geringste Sicherheit. *Bin ich wahnsinnig, dass ich diesem Mann folge?*, fragte er sich vielleicht.

Jesus antwortete: „Ich versichere euch: Niemand bleibt unbelohnt, der um meinetwillen und um die Gute Nachricht weiterzusagen etwas aufgibt. Wer dafür irgendetwas zurücklässt – Haus oder Brüder oder Schwestern oder Mutter oder Vater oder Kinder oder Felder –, wird das Zurückgelassene hundertfach neu bekommen: zunächst noch in dieser Welt, Häuser und Brüder und Schwestern und Mütter und Kinder und Felder, wenn auch mitten in Verfolgungen, und in der kommenden Welt das ewige Leben" (Markus 10,29–30).

Jesus versprach Petrus also, dass es sich lohnen würde, ihm nachzufolgen. Es würde nicht leicht werden – sie mussten mit Feindseligkeit, Verfolgung und Schlimmerem rechnen –, aber am Ende erwartete sie eine unvorstellbar große Belohnung, sowohl in diesem Leben als auch im nächsten. Tatsächlich sagte Jesus seinen Nachfolgern zu, dass sie das Hundertfache von dem zurückerhalten würden, was sie eingesetzt hatten.

Die Evangelien machen deutlich, dass es den Jüngern nicht eben leicht gefallen ist, diese Zusagen zu glauben. Sie schienen nach wie vor davon überzeugt zu sein, dass nicht Dienerschaft, sondern Selbstbezogenheit der einzig sichere Weg zu dem reichen Leben war, nach dem sie sich sehnten. Eines Tages stellte Jesus ihnen eine

Frage: „Über was habt ihr da eben diskutiert?“ Doch sie blieben stumm, weil sie peinlicherweise darüber gestritten hatten, wer von ihnen der Größte war.

Jesus berief seine Nachfolger zum Dienen, doch in den unbeobachteten Momenten ihrer Privatgespräche fiel ihnen nichts Besseres ein, als darüber zu debattieren, wer von ihnen wohl den dicksten Treffer landen würde. Wer war der Begabteste? Wer würde am nachhaltigsten in die Geschichte eingehen? Wer würde den größten Erfolg haben? Wer würde die meisten Auftritte haben, die tollsten Fernsehshows, die besten Einschaltquoten, die größte Macht?

Wissen Sie, wir sind den Jüngern schon sehr ähnlich …

Der Weg zum wahren Leben

Dr. B's Lehren berührten mich so tief, dass ich ihn bat, vor der Jugendgruppe zu sprechen, deren Leitung ich übernommen hatte.

> „Wollt ihr wirklich leben?“, fragte Dr. B. die Jugendlichen.
> „Dann bindet euch eine Schürze um und dient!“

Dieses Feld beackerte Dr. B. nicht nur einmal und auch nicht zehn Mal, sondern beinahe jedes Mal, wenn er in diesen frühen Jahren zu unserer wachsenden jungen Gemeinde sprach. Oft nahm er die Geschichte aus Johannes 13 zu Hilfe, in der Jesus und die Jünger bei einem Bekannten zum Abendessen eingeladen sind.

In der damaligen Zeit waren die Menschen meist in offenen Sandalen auf staubigen Straßen unterwegs, und zum Essen ließen sie sich auf flachen Liegen nieder, die Füße in Sichtweite der anderen Gäste. Die guten Sitten erforderten es daher, dass ein Diener gleich an der Tür bereit stand, um den Gästen die schmutzigen Füße zu waschen. Doch bei dieser Einladung ging etwas schief. Der Fußwascher tauchte nicht auf.

Stellen Sie sich vor, Sie würden diese Szene durchs Fenster beobachten. Der erste Jünger betritt den Raum und stellt fest, dass kein Diener zum Füße waschen bereitsteht. Plötzlich muss er sich entscheiden: Wäscht er sich seine Füße selbst? Legt er gar seinen Umhang ab, kniet sich hin und wäscht allen anderen die Füße? Sehen Sie ihm ins Gesicht; er denkt fieberhaft nach. *Oh nein, nicht ich! Das ist wirklich nicht meine Aufgabe. Ich bin doch kein Sklave!* Stattdessen schaut er zum Tisch hinüber und überlegt, wo Jesus sich wohl hinsetzen wird und welche Position am vorteilhaftesten für ihn sein wird.

Der zweite Jünger kommt herein, blickt sich vergeblich nach einem Fußwascher um und sieht den ersten Jünger bereits am Tisch sitzen. *Na,* denkt er sich, *wenn der sich nicht herablässt, den Fußwascher zu spielen, werde ich es bestimmt nicht tun!* Und er geht auf den zweitbesten Platz am Tisch zu.

Und so läuft es nacheinander bei allen Jüngern. Sie kommen herein, gehen am Wasserbecken vorbei, suchen sich einen Platz, machen es sich bequem – und strecken sich gegenseitig die schmutzigen Füße ins Gesicht.

Als Letzter betritt Jesus den Raum. Sehen Sie nur! Sein Blick wandert vom Wasserbecken zu den Schmutzfüßen der Jünger. Sie können es in seinen Augen sehen: Drei Jahre sind sie schon mit ihm unterwegs, haben Predigt auf Predigt und Gleichnis auf Gleichnis gehört, viele Beispiele erlebt, und sie haben nichts begriffen.

Er geht zum Tisch und setzt sich. Eine ganze Weile sitzt er einfach nur schweigend da. Vielleicht wird sich ja einer von ihnen zumindest dazu aufraffen, seinem Lehrer die Füße zu waschen. Doch niemand bewegt sich.

Jetzt sehen Sie sich Jesus an. Er steht auf, geht zum Wasserbecken und legt seinen Umhang ab. Er nimmt das Handtuch und zieht es durch seinen Gürtel, genau so, wie es ein Sklave machen würde. Dann nimmt er die Schüssel mit dem Wasser und bewegt sich auf den Tisch zu.

Schauen Sie den Jüngern in die Augen: Sie starren ungläubig. Peinlich berührt. Dann, als Jesus sich hinkniet und dem ersten Jünger die Füße zu waschen beginnt, erkennen Sie noch etwas anderes in ihrem Blick: innere Qualen, Reue, vielleicht Tränen.

Was ist nur mit mir los? Wie konnte ich nur so dumm sein? Immer noch dreht sich alles nur um mich. Es ist schon schlimm genug, dass ich nicht genügend Demut habe, um meinen Brüdern die Füße zu waschen. Aber warum habe ich noch nicht einmal meinem Herrn und Retter angeboten, seine zu waschen? Wie konnte ich so etwas tun? Was ist nur los mit mir?

Jesus arbeitet sich vor, Fuß um Fuß. Petrus sträubt sich ein bisschen, aber Jesus weiß, wie er ihn zum Schweigen bringt. Als er fertig ist, faltet Jesus das Handtuch ordentlich zusammen und bringt die Schüssel zurück. Er legt den Umhang wieder an und setzt sich an den Tisch. Johannes 13, Verse 12 bis 17 berichtet, was er sagte:

„‚Begreift ihr, was ich eben getan habe?', fragte er sie. ‚Ihr nennt mich Lehrer und Herr. Ihr habt Recht, das bin ich. Ich bin euer Herr und Lehrer, und doch habe ich euch soeben die Füße gewaschen. So sollt auch ihr euch gegenseitig die Füße waschen. Ich habe euch ein Beispiel gegeben, damit auch ihr so handelt, wie ich an euch gehandelt habe. Amen, ich versichere euch: Ein Diener ist nicht größer als sein Herr und ein Bote nicht größer als sein Auftraggeber.'"

Jahre später fasst Paulus das Beispiel, das Jesus seinen Nachfolgern hinterlassen hat, mit folgenden Worten zusammen (Philipper 2,3–8):

„Handelt nicht aus Selbstsucht oder Eitelkeit! Seid bescheiden und achtet den Bruder oder die Schwester mehr als euch selbst. Denkt nicht an euren eigenen Vorteil, sondern an den der anderen, jeder und jede von euch! Habt im Umgang miteinander stets vor Augen, was für einen Maßstab Jesus Christus gesetzt hat: Er war in allem Gott gleich, und doch hielt er nicht gierig daran fest, so wie Gott zu sein. Er gab alle seine Vorrechte auf und wurde einem Sklaven gleich. Er wurde ein Mensch in dieser Welt und teilte das Leben der Menschen. Im Gehorsam gegen Gott erniedrigte er sich so tief, dass er sogar den Tod auf sich nahm, ja, den Verbrechertod am Kreuz."

Jesus, unser Herr und Lehrer, hat die Wesenszüge eines Dieners angenommen. Paulus fordert uns zu einer ganz neuen Sichtweise heraus. Es geht nicht um ein kurzzeitiges Gefühls-Hoch, sondern wir sollen ein klares, intellektuelles Verständnis von dem gewinnen, was Jesus uns vorgelebt hat. Er bittet uns darum, dem Heiligen Geist zu gestatten, dass er unser ganzes Denken erneuert, sodass demütiges Dienen zu Hause, bei der Arbeit, in der Gemeinde und anderswo zu unserer ganz natürlichen Reaktion wird, ähnlich wie ein Reflex.

Paulus unterstrich seine eigene Hingabe an diese Mentalität in den ersten Worten seines Briefs an die Römer, in denen er sich vorstellt: „Paulus, ein Diener Jesu Christi". Es ist, als wollte er klarstellen: „Liebe Freunde, es gibt nur zwei Dinge, die ihr über mich wissen müsst: Mein Name ist Paulus und ich bin ein Diener Jesu Christi."

„Nimm die Herausforderung an"

Dr. Bilezikian ist noch immer ein wichtiger und hochgeschätzter Mentor für mich, der nicht nur Worte, sondern auch Taten sprechen lässt, um mir das Dienst-Modell zu veranschaulichen, das Jesus uns vorgelebt hat. Doch als ich seine Lehren zum ersten Mal hörte, war ich ein bisschen … nun ja, dickköpfig.

„Das macht doch überhaupt keinen Sinn", sagte ich zu ihm. „Ich wüsste nicht, wie das funktionieren soll."

„Probier's einfach aus", meinte er nur.

Dann stellte er mich und meine Komilitonen vor eine Herausforderung: Er las uns Jesu Worte aus Markus 8, Verse 34 und 35 vor:

„Dann rief Jesus die ganze Menschenmenge hinzu und sagte: ‚Wer mir folgen will, muss sich und seine Wünsche aufgeben, sein

Kreuz auf sich nehmen und auf meinem Weg hinter mir hergehen. Denn wer sein Leben retten will, wird es verlieren. Aber wer sein Leben wegen mir und wegen der Guten Nachricht verliert, wird es retten.'"

Dann forderte er uns auf, diese Aussage auf die Probe zu stellen. „Lebt sechs Monate lang", sagte er, „konsequent nach diesem Prinzip. Folgt dem Vorbild Jesu mit rückhaltloser Selbstverleugung. Ergreift jede Gelegenheit, die sich euch bietet, um zu dienen – selbst wenn die Aufgabe unbedeutend aussieht. Seid diejenigen, die anderen Leuten die Tür aufhalten. Setzt euch freiwillig im Auto nach hinten, damit eure Freunde vorne sitzen können. Bringt den Müll raus, auch wenn das eigentlich nicht eure Aufgabe ist. Meldet euch in der Gemeinde freiwillig zum Stühle stellen. Helft der alten Dame im Kaufhaus die Treppe hinunter. Macht die Augen auf! Haltet das Handtuch bereit! Und dann überprüft wöchentlich den Zustand eures Herzens und fragt euch selbst: Gewinne ich etwas oder verliere ich etwas?

Und wenn ihr wollt, versucht es dann auch einmal andersherum: Nutzt jede sich bietende Gelegenheit, um euch selbst in den Mittelpunkt zu rücken. Stellt hohe Ansprüche und verlangt von der Welt, dass sie sich um euch dreht. Kämpft euch mit den Ellenbogen nach vorne. Verschwindet, wenn es Zeit ist, die Drecksarbeit und die niederen Jobs zu erledigen. Verneigt euch jeden Morgen vor eurem Spiegelbild. Und dann macht nach einer Weile eine ebenso ehrliche Bestandsaufnahme: Ist euer Leben erfüllter oder leerer geworden? Fühlt ihr euch zufrieden oder frustriert? Seid ihr Gott näher gekommen oder mehr in die Isolation geraten?

Nehmt die Herausforderung an!"

Wir als Leiter unserer Jugendarbeit (die *Son City* hieß), beschlossen, auf Dr. B's Vorschlag einzugehen. Und nach Ablauf der sechs Monate war unsere Gruppe von ein paar Jugendlichen auf Hunderte angewachsen. Und was noch wichtiger war: Unsere Herzen waren um ein Vielfaches größer geworden. Wir brachten Gott und unseren Mitmenschen viel mehr Liebe entgegen.

Wir alle mussten härter arbeiten, als wir es für möglich gehalten hatten, aber es machte unheimlich viel Freude! Wir entdeckten Fähigkeiten an uns, von deren Existenz wir noch gar nichts gewusst hatten. Wir fühlten uns wie frisch aufgeladene Akkus. Wir sahen, wie sich das Leben von vielen Jugendlichen positiv veränderte. Wir vertieften unsere Beziehungen untereinander, während wir Tag für Tag Seite an Seite dienten.

Finanziell konnten wir gerade genug zusammenkratzen, um über die Runden zu kommen – aber das war uns herzlich egal! Wenn jemandem das Auto kaputtging und er die Reparatur nicht bezahlen konnte, legten wir alle zusammen, um die Rechnung zu begleichen, oder wir wechselten uns mit einem Fahrdienst ab. Wir redeten ganze Nächte durch mit Jugendlichen über ihr geistliches Leben und standen dann früh auf, um uns neue Veranstaltungen und Themen zu überlegen; ein bisschen Nachtschlaf schien uns ein kleines Opfer.

Jesus sagte: „Ich bin gekommen, damit ihr Leben in Fülle habt." Wir fanden dieses pralle Leben, als wir Dr. B's Herausforderung annahmen.

Drei Jahre später besuchten über 1 000 Jugendliche *Son City* – und das war nur geschehen, weil wir ein einfaches Fundament aus treuem Dienst gegenüber Gott und einander gelegt hatten. Die Handvoll Leiter dieser Arbeit, die später die Leiter unserer Gemeinde wurden, hatten keinen Universitätsabschluss, keine Erfahrung in der Gemeindegründung, kein Geld, keine Räumlichkeiten und keine geistliche Reife. Doch wir hatten einen charmanten Teilfranzosen, der uns dazu aufrief, das fundamentalste Paradoxon des christlichen Glaubens anzunehmen: dass der sicherste Weg zur Erfüllung darin besteht, Jesus auch in seinem Vorbild des Dienens nachzufolgen.

Früher oder später muss sich jeder entscheiden, welchen Weg er im Leben einschlagen will. Wo werden Sie hingehen? Werden Sie sich für einen egozentrischen Lebensstil entscheiden? Oder Jesus in ein Leben des Dienens folgen? Wohin hat Sie bislang das eine oder das andere gebracht?

Wenn Ihnen Ihre Antwort nicht gefällt, dann schnappen Sie sich doch ein Handtuch und nehmen Sie die Herausforderung an. Sie ist es wert!

4. Geben und Nehmen

„Es ist eine der schönsten Entschädigungen des Lebens,
dass kein Mensch ernsthaft versuchen kann,
anderen zu helfen,
ohne dass er sich selbst damit hilft.“

Ralph Waldo Emerson

„Überhaupt habe ich euch mit meiner Lebensführung gezeigt, dass wir hart arbeiten müssen, um auch den Bedürftigen etwas abgeben zu können. Wir sollen uns immer an das erinnern, was Jesus, der Herr, darüber gesagt hat. Von ihm stammt das Wort: ‚Auf dem Geben liegt mehr Segen als auf dem Nehmen.‘“

Apostelgeschichte 20,35

Das Dorf Cassandra liegt beinahe vier Autostunden von Santo Domingo entfernt, der Hauptstadt der Dominikanischen Republik. Auf dem größten Teil der Strecke brechen sich links die Wellen des Ozeans am Strand neben der Straße, während sich rechts üppig bewachsene Berge auftürmen. Ab und zu kommt man an einer Bananen- oder Papaya-Plantage vorbei; auf anderen Feldern wird Zuckerrohr oder Kaffee angebaut. In der Regenzeit werden die Straßen oft von Erdrutschen verschüttet, doch an diesem Tag steigt Staub auf, als Greg und seine Freunde von Santo Domingo aus über Barahona zu dem kleinen Dorf fahren, in dem sie Zementpfeiler gießen und Wände mauern wollen.

In ihrer Woche in Cassandra arbeiten Greg und seine Freunde an zwei Bauprojekten von *Habitat for Humanity* – und auch noch so einiges an ihrem eigenen Herzen: „Ich habe Kinder gesehen, die nackt herumliefen, einfach nur deshalb, weil sie nichts zum Anziehen hatten. Sie badeten in Abwassergräben, in denen andere Menschen ihre Abfälle und Fäkalien entsorgten“, erzählt Greg. „Ich habe Familien in elenden Hütten ohne fließendes Wasser hausen sehen und Vieh in Bruchbuden, in die wir nicht mal Geräte stellen würden."

Greg war so überwältigt von der drückenden Armut, dass er mehrere Tage brauchte, bis er auch einige kleine Hoffnungszeichen entdeckte: „Ich sah Mütter, die genauso hart arbeiteten wie die Männer, um ihr Haus zu bauen, und sich dennoch die Zeit nahmen, ein aufgeschlagenes Knie ihrer Kinder zu küssen oder mit ihnen über einen Streit mit einem Freund zu diskutieren. Ich sah einen Vater, dem vor Stolz die Brust schwoll, als sein fünfjähriger Sohn für die Maurer einen Eimer Mörtel schleppte. Dann war da ein Mann, der nicht an seinem eigenen Haus mitarbeiten konnte, weil er gerade erst eine Operation hinter sich hatte. Das ganze Dorf tat sich zusammen und baute ihm sein Haus. Ich sah tiefe Dankbarkeit in den Augen eines Mannes, dessen Frau erst zehn Tage zuvor gestorben war. Ich sah, wie sich die schlichte Duldung unserer Anwesenheit in Lachen und Umarmungen und echte Herzenswärme verwandelte. Ich sah, wie Gott die Vorurteile in Herzen zum Schmelzen brachte, denen ich keine Veränderung zugetraut hätte. Ich bin dort hingefahren, um etwas zu verschenken, doch ich habe viel mehr empfangen, als ich gegeben habe."

Während Greg und seine Freunde in Cassandra arbeiteten, renovierte eine andere Einsatzgruppe in der verarmten Gegend um Santo Domingo ein Gebäude für eine Gemeinde, die zum großen Teil aus ehemaligen Drogensüchtigen und Prostituierten bestand. Einer der Männer in diesem Team war ein 50-jähriger Baumittelhersteller. Seine Frau hatte ihn anderthalb Jahre zuvor verlassen, und er war gerade dabei, sich sein Leben neu aufzubauen. Doch es klappte nicht sonderlich gut.

Eines Abends, etwa nach der Hälfte der Bauwoche, kamen die Mitglieder des Teams zusammen, um sich über ihre bisherigen Erfahrungen auszutauschen. Mitten während dieses Treffens brach der Mann weinend zusammen. Er sagte, dass er in den letzten anderthalb Jahren völlig ohne Ziel dahingelebt habe. Weil er Spanisch konnte, hatte er mit einigen der ehemaligen Drogensüchtigen sprechen können, deren Leben durch die *Iglesia Comunitaria Cristiana* völlig verwandelt worden war. Nach nur drei Tagen, in denen er seine Aufmerksamkeit von sich selbst weg auf andere gerichtet hatte, hatte er zum ersten Mal seit seiner Scheidung so etwas wie Hoffnung empfunden.

„Das passiert oft auf solchen Einsätzen“, erklärte der Teamleiter. „Wenn Menschen anfangen, über ihre eigenen Bedürfnisse hinauszuwachsen, verändern sich ihre Herzen.“

Diese Männer haben die große Herausforderung angenommen und durften erleben, wie ihre Herzen radikal verändert wurden. Das ist die ganz normale Folge des Dienens. Ein Gemeindemitglied schrieb mir folgende E-Mail:

„Für mich sind die besten Auswirkungen des Dienens – ganz egal, wie oft oder wie lange ich mich einbringen kann –, dass der Blickwinkel meines Herzens von mir selbst fort und auf andere gerichtet wird. Jesus war die am meisten auf andere zentrierte Person, die ich kenne. Ich kann mir nicht vorstellen, ihm nachzufolgen, ohne selbst auch anderen Menschen zu dienen. Je mehr ich diene, desto mehr verändert sich mein Herz.“

Ein anderer Mitarbeiter schrieb:

„Als ich zum ersten Mal in einer Arbeit für Kinder mitmachte, die in sozialen Brennpunkten leben, fragte ich einen achtjährigen Jungen, ob ich etwas für ihn tun könne. Er gab mir eine Ohrfeige. Ich hatte nicht übel Lust, zurückzuschlagen, aber in diesem Augenblick entfachte Gott in meinem Herzen ein Mitgefühl für diese verwundeten Kinder, das ich vorher nie empfunden hatte. Dieser Moment hat mein Leben für immer verändert. Ich glaube, dass Gottes Liebe unser Herz erreicht, wenn wir uns für ihn verfügbar machen.“

Balsam für die Seele

Viele Menschen, die eine Hand helfend zu anderen ausstrecken, beobachten bei sich selbst positive Veränderungen. Andere finden im Dienen eine Art Balsam für ihre eigenen

Seelenschmerzen. Wohl die wenigsten Menschen engagieren sich mit dem Gedanken in einem Dienst, dass dies eine heilsame Wirkung auf sie haben könnte. Doch viele kommen mit der Erkenntnis zurück, dass dadurch ein Heilungsprozess in ihnen in Gang gesetzt wurde, den sie nie erwartet hätten.

Jennifer, eine junge, frisch verheiratete Frau, machte diese Entdeckung ebenfalls. Als ihr Mann, der bei der Marine war, und sie noch befreundet waren, hatte sie sich schon an lange Trennungszeiten gewöhnt. Doch nach acht wunderbaren Monaten Ehe wurde er für ein halbes Jahr nach Kalifornien versetzt. Der Gedanke daran, ihn so lange entbehren zu müssen, traf Jennifer bis ins Mark. Sie bat Gott, ihr zu helfen, die Zeit der Trennung durchzustehen.

Zwei Monate nach seiner Abreise hatte Jennifer das Gefühl, dass Gott ihre Bitten ignoriert hatte, dass ihm ihre Traurigkeit egal war. Und dann erzählte ihr eine Nachbarin von einem anderen Marineoffizier und seiner Frau, die dringend eine Unterkunft in der Gegend von Chicago brauchten. Weil sie nur zwei Monate bleiben würden, fanden sie keine Wohnung.

Jennifer sprach ein kurzes Gebet und nahm die Herausforderung an. Sie sagte ihrer Nachbarin, dass das Paar bei ihr wohnen könne. „Da ich ja allein zu Hause war, hatte ich jede Menge Platz“, erzählt sie. „Ich dachte, es würde mich bestimmt ablenken, wenn noch jemand da war. Die beiden zogen in der folgenden Woche ein, und innerhalb von wenigen Stunden wusste ich, dass Gott meine Gebete auf wundersame Weise beantwortet hatte. Die beiden waren engagierte Christen, deren Beziehung mich wohltuend an meine eigene Ehe erinnerte. Durch sie schickte mir Gott die Botschaft, dass ich mit allem leben kann, wenn ich ihn an erste Stelle setze. Gott hat mich dazu aufgerufen, mein Herz und mein Zuhause zu öffnen, und er hat mir dafür Hoffnung und Freude geschenkt.“

Ed erlebte ebenfalls Heilung, als er sich zum Dienen entschloss.

Obwohl er schon viele Jahre Christ war, war sein Leben total aus den Fugen geraten. Seine Frau hatte ihn verlassen, er hatte seinen Job verloren, war soeben von Kalifornien in den Mittleren Westen gezogen und musste in seinem Auto schlafen, weil er keine Wohnung hatte.

Eines Donnerstagabends fand er irgendwie zu unserer Obdachlosenarbeit, und eine der Frauen, die das Essen ausgaben, fragte ihn, ob er eine Bibel haben wolle. Ed nahm sie an und beschloss, sich Studienmaterial anzuschaffen, sobald er es sich leisten konnte. Als er endlich eine kleine Wohnung und einen Aushilfsjob gefunden hatte, kam Ed in den Buchladen unserer Gemeinde.

„Ich lief herum und sah mir all die Bücher an und dann brach ich einfach in Tränen aus. Ich fühlte mich total am Ende. Eine der Damen, die im Laden arbeiten, fand mich so vor und begann, für mich zu beten. Dann berichtete sie mir von einer Frau namens Peaches, die im Restaurant arbeitete und gern für andere Leute betete."

Ed ging also zum Restaurant und fand Peaches, eine dunkelhäutige Dame mit einem freundlichen Lächeln. „Als sie mich auf sich zukommen sah, sagte sie: ‚Ach du meine Güte, junger Mann! Kommen Sie mal her!' Dann nahm sie mich einfach in die Arme und sagte: ‚Was brauchen Sie?'"

Nachdem sie für Ed gebetet hatte, sagte Peaches: „Sie sind doch ein gesunder junger Mann und würden einer alten Frau keine Bitte ausschlagen, oder?"

„Nein, natürlich nicht."

„Dann kommen Sie mal mit. Ich brauche Hilfe in der Küche. Wir müssen Mittagessen und Abendessen für eine große Gruppe von Leuten machen, die heute hier ein Meeting haben. Ich zeig Ihnen, wo die Schürzen hängen."

Als Ed sich eine Schürze umgelegt hatte, fragte ihn einer der Köche, ob er wisse, wie man Spinat zubereite.

„Ja! Machen Sie ihn mit Pilzen und Butter?"

Eds Erfahrungen als Koch beim Militär kamen ihm jetzt zu Gute. Von da an kam er jeden Tag in die Küche, wenn er nicht in seinem Aushilfsjob tätig war. „Ich wusste einfach, dass ich da hinmusste. Das Dienen machte etwas mit meinem Herzen, es heilte mich."

Ed besuchte immer regelmäßiger die Gottesdienste und beschloss bald, Mitglied in der Gemeinde zu werden. Als er vor der ganzen Gemeinde seine Geschichte erzählen sollte, fand er zum ersten Mal die Kraft dazu. Er berichtete, wie er schon 1973 Christ geworden war, danach aber langsam abgedriftet war, und wie er schließlich wieder zurückgefunden hatte: „Ich bin heute hier, weil ich Gott gebeten habe, mich zu ihm zurückzubringen, ganz egal, was es kosten würde. Ich wollte die Beziehung zu ihm wiederhaben, für die ich geschaffen wurde. Und so habe ich mein Zuhause verloren, meinen Job, meine Frau – alles, was ich hatte. All die Dinge, die mich von Gott weggebracht haben."

Die Person, die Ed während des Gottesdienstes interviewte, merkte an, dass die Mitglieder unserer Gemeinde möglichst mindestens einen Tag im Monat irgendwo mitarbeiten sollten. Ed lachte. „Keine Sorge – ich bin sowieso jeden Tag hier! Ich liebe diese Gemeinde. Die Leute sagen immer: ‚Danke fürs Helfen', und ich sage dann: ‚Danke, dass ich eine Möglichkeit zum Dienen hatte!' Ich denke, wenn Gott einem eine Begabung mitgegeben hat und man sie nicht einsetzt, dann kann man sich genausogut gleich ins Grab legen. Denn der Dienst ist der Ort, an dem Wachstum und Heilung beginnen. Deswegen sage ich jetzt zu Gott: ‚Herr, bitte lass mich dir dienen, wo immer du willst!' Und als mich jemand fragte, ob ich ein Mischpult bedienen kann, sagte ich: ‚Nein, aber ich bin gern bereit, es zu lernen!' Und so bin ich ins Tontechnik-Team gekommen. ‚Hey, Ed', meinte neulich jemand, ‚kennst du dich mit Computern aus? Wir könnten deine Hilfe hier gut gebrauchen.' Tja, und so kommt es, dass ich seit Neuestem dabei helfe, die Computer der Gemeinde auf Trab zu halten. Ich mache alles – es macht mir einfach Freude."

Am Mittwochabend um 18:30 Uhr sehe ich durch die Glastür meinen Freund Ed, der in einem Raum hinter der Theke steht, der zu einem Café für Highschool-Schüler umfunktioniert wurde. Ich spreche ihn nicht an, weil er fleißig mit der Zubereitung von Latte Macchiatos beschäftigt ist. Aber ich weiß auch so, dass er einen Riesenspaß hat. Und dass sein Herz weiter heilt.

Geben und empfangen

In den vergangenen Jahren habe ich eine Art „Austauscheffekt“ beobachtet, der oft zu Gunsten des Mitarbeiters ausgeht. Ich weiß, dass dies ein heikles Thema ist und leicht missverstanden werden kann. Natürlich dienen wir aus Gehorsam und Dankbarkeit Jesus gegenüber, um das Reich Gottes zu bauen und um denen zu helfen, denen wir dienen – und es ist sehr wichtig, dass wir nicht dienen, um eine Belohnung zu bekommen.

Doch es ist eine Tatsache, dass der Weg des Dienens – wie jeder andere Weg, der aus Gehorsam heraus gegangen wird – oft unendlich viele Belohnungen mit sich bringt. Wieder einmal gilt das große Paradoxon Jesu: „Wer sein Leben um meinetwillen verliert, der wird es finden.“ Das bedeutet nicht, dass Dienen immer Spaß macht oder einfach ist oder sofortige Befriedigung bringt – manchmal fühlt es sich wirklich wie ein Verlust des eigenen Lebens an, ein schmerzhafter, alles verschlingender Verlust –, doch Dienen als Reaktion auf Gottes Berufung verändert letztlich immer unser Leben zum Besseren.

Die folgenden E-Mails zeigen die Bandbreite von Vorteilen auf, die das Leben derer erfährt, die sich zum Dienen entschlossen haben.

Beziehungen werden wiederhergestellt

„Meine Mutter und ich waren seit vielen Jahren total entfremdet. Sie hatte mich aus dem Haus geworfen und wir hatten seitdem nicht mehr miteinander geredet. Dann, an Thanksgiving 1981, beging sie einen Selbstmordversuch und landete völlig gelähmt in einem Pflegeheim. Sie konnte sich nicht bewegen und nicht sprechen, schien aber noch einiges um sich herum mitzubekommen.

Ich war gerade erst zum Glauben gekommen. Nach dem Gottesdienst fuhr ich zu diesem Pflegeheim und versuchte, ihr zu helfen. Es begann damit, dass ich ihr ein Glas Wasser mit einem Strohhalm hinhielt. Dieser kleine Akt kostete mich all meine geistliche Kraft und meinen ganzen Mut, doch ich hatte das Gefühl, dass es Jesus gefallen würde, wenn ich ihr so diente, wie er es getan hätte.

Diese eine Tat führte in den nächsten drei Jahren zu vielen weiteren. Ich kämmte meiner Mutter die Haare, schnitt ihr die Fingernägel und putzte ihre Zahnprothese. Es fiel mir unheimlich schwer, jemandem zu dienen, von dem mich so viel trennte, aber Gott gebrauchte jeden dieser kleinen Dienste, um mich und meine Beziehung zu meiner Mutter zu heilen und meine geistliche Entwicklung voranzutreiben. Indem ich meiner Mutter so diente, öffnete ich eine innere Tür zu ihr und konnte sie schließlich zum Glauben an Jesus Christus führen. Das wiederum fachte meine Leidenschaft für Gott enorm an und ich habe eine ganz neue Liebe für die Menschen bekommen, die ihn noch nicht kennen.“

Die Gelegenheit, etwas von dem zurückzugeben, was man empfangen hat

„Als es in unserer Ehe richtig schlecht lief, besuchten meine Frau und ich ein ganzes Jahr lang die Ehe-Erneuerungs-Seminare in Willow Creek*. Ich bin mir sicher, dass das unsere Ehe gerettet hat, denn ich habe dadurch unter anderem gelernt, inwiefern ich ebenfalls die Schuld an unseren Problemen trug, wie wir konstruktiv streiten und wie wir zusammen beten können. Jeden Tag danke ich Gott für dieses Seminar, denn es hat so sehr geholfen.*

Als man uns ansprach, ob wir nicht in diesem Bereich mitarbeiten wollten, waren wir zuerst ganz geschockt. Doch wir fühlten uns auch geehrt, dass man uns diese Gelegenheit bot. Seither leiten wir Kleingruppen für Paare mit Eheproblemen. Wir sind so dankbar, dass Gott uns die Gelegenheit gegeben hat, etwas von dem zurückzugeben, was wir empfangen haben.“

Die Chance, Gott bei der Arbeit zu beobachten

„Vor vier Jahren hab ich angefangen, bei den Camp Paradise*-Arbeitseinsätzen mitzumachen. Als 49 Jahre alter Mann kann ich mir eigentlich auch eine nettere Freizeitbeschäftigung vorstellen, als von morgens bis abends zu schuften wie ein Berserker. Warum ich es trotzdem mache? Weil ich in den neun Jahren davor mehr Vater/Sohn- und Vater/Tochter-*

Freizeiten in diesem Camp besucht habe, als ich zählen kann. Und jedes Mal ist mir Gott begegnet, hat mein Herz berührt und meinen Geist weich gemacht.

Und deshalb würde ich auch Kohle schaufeln, betteln, auf Knien kriechen oder sonst was tun, was nötig ist, um da zu sein und mitzuerleben, wie Gott dasselbe für andere Männer tut. Wenn das dein geistliches Feuer nicht anheizt, musst du wirklich ein Haufen nasses Holz sein!"

Eine neue Perspektive für das eigene Leben

„Im Begrüßungscenter mitzuarbeiten, in dem Gäste nach dem Gottesdienst willkommen geheißen werden, hat sich für mich als großer Segen erwiesen. Oft beantworten wir dort allgemeine Informationsfragen. Doch manchmal kommen auch Menschen mit großen Problemen und Bedürfnissen zu uns, die jemanden brauchen, der ihnen zuhört und für sie betet. In solchen Momenten spüre ich wirklich, wie der Heilige Geist mir die richtigen Worte schenkt, sodass ich verständnisvoll und hilfreich antworten kann. Die Probleme, die ich so habe, kommen mir im Vergleich mit den Geschichten, die ich dabei mitbekomme, so belanglos vor!"

Die Entdeckung, dass offizielles Dienen auch „inoffizielles" fördert

„Mein Dienst hilft mir dabei, im Blick zu behalten, wozu ich überhaupt lebe. Offiziell arbeite ich in unserer Gemeinde als Mentorin für andere Frauen, und das begeistert mich und bewirkt, dass ich auch ‚privat' viel eher die Bereitschaft habe, anderen Menschen zu dienen – ob auf dem Heimweg, beim Einkaufen, dem nachbarschaftlichen Schwätzchen oder bei der Bewirtung unserer Gäste. Es macht unheimlich viel Freude, so zu leben, weil die Worte Jesu damit für mich immer lebendiger werden."

In einer Radiosendung habe ich neulich gehört, dass pensionierte Männer, die an einem Tag in der Woche irgendwo ehrenamtlich tätig sind, bis zu 2,5-mal länger leben als solche, die nach ihrer Pensionierung nicht mehr arbeiten. Allan Luks, der Verfasser des

Buches „Wer hilft, gewinnt“, beschreibt die sehr realen physischen Vorteile eines beständigen, persönlichen Einsatzes für andere Menschen. Er „macht deutlich, dass wir jemandem, den wir zum persönlichen Einsatz für andere Menschen ermutigen, einen enormen Dienst erweisen, ungefähr so wertvoll wie die Mitgliedschaft in einem Fitnessclub“. Anderen Menschen zu dienen bringt langfristige gesundheitliche Vorteile, „zum Beispiel Erleichterung bei Rücken- und Kopfschmerzen, eine Senkung des Blutdrucks und des Cholesterinspiegels, eine verringerte Anfälligkeit für Fressattacken sowie Hilfe bei Alkohol- und Drogenmissbrauch“.[2]

Luks hat den Begriff „Helfer-Hochgefühl“ geprägt, um die emotionale Stimmung zu beschreiben, die von ehrenamtlichen Helfern empfunden wird.

Hirnforscher der *Emory*-Universität haben sogar einen wissenschaftlichen Grund für dieses Hochgefühl entdeckt: Offensichtlich aktiviert die Bereitschaft, mit anderen zu kooperieren, „einen Bereich des Gehirns, der reich an Dopamin ist, der Chemikalie, die die angenehmen Gefühle hervorruft, die man nach der Einnahme bestimmter Drogen empfindet“[3].

Wenn Menschen also sagen, dass „es sich gut anfühlt“, wenn sie anderen helfen, hat diese Aussage mehr wissenschaftliche Relevanz, als sie meinen! Allerdings glaube ich nicht, dass diese Erkenntnis für Gott eine Überraschung ist …

Lassen Sie es mich noch einmal sagen: Wir dienen, weil uns gedient wurde und weil wir einem Leiter folgen, der uns echtes Dienen vorgelebt hat. Und es ist ja auch ganz logisch: Warum sollte der Gott, der unsere Körper, Gehirne und Seelen geschaffen hat, uns auch nicht zu einem Lebensstil berufen, der unsere Körper, Gehirne und Seelen stärkt und bei dem wir uns einfach gut fühlen? Gott hat uns zu einem Leben des Dienens berufen – ein Leben, bei dem an jeder Ecke Belohnungen auf uns warten!

5. „Was? Ich, ein Priester?"

Um mich ein bisschen zu ärgern, stellt mich ein befreundeter Geschäftsmann seinen Golf-Freunden immer als „mein Priester“ vor. Das ruft dann jedes Mal eine Schockreaktion hervor – und zwar aus zwei Gründen: Zunächst mal sehe ich wohl nicht so aus, wie sie sich einen „Priester“ vorstellen. Und dann steht mein Freund keiner Kirche nahe genug, um einen „eigenen“ Priester zu haben – oder etwas, das auch nur vage an einen solchen erinnert.

Natürlich weiß mein Freund, dass ich weder „sein Priester“ bin noch der von irgendjemand anderem. Zumindest nicht nach der begrenzten, stereotypen Sicht, die er von Geistlichen hat. Auf der anderen Seite bin ich durchaus ein Priester. Und Sie auch! Dieser Gedanke liegt Ihnen zwar möglicherweise völlig fern, aber Gott sieht das nicht so.

Der Job eines Priesters

Bevor Jesus auf die Erde kam, wirkte der Geist Gottes ausschließlich durch eine ausgewählte Gruppe von Menschen, die Priester genannt wurden. Aaron, der Bruder Moses, diente als erster Priester, und seine Söhne führten das Priesteramt weiter.

Alttestamentliche Priester regelten alle Angelegenheiten zwischen Gott und dem Volk. Um irgendetwas Religiöses zu tun – Beten, Opfern, Sündenbekenntnis –, konnte ein Durchschnittsmensch sich nicht einfach direkt an Gott wenden, sondern musste sich von einem Priester vertreten lassen.

Doch Jesu Leben und Tod krempelten das ganze religiöse System des Alten Testaments völlig um. An dem Tag, den wir heute Pfingsten nennen, versammelten sich die ersten Nachfolger Jesu im „Oberzimmer“ und vernahmen plötzlich einen Windhauch. Dann setzten sich Feuerzungen auf die Köpfe aller Anwesenden. Ich habe keine Ahnung, wie diese Feuerzungen aussahen, aber sie repräsentierten das Kommen des Heiligen Geistes auf die neue Gemeinde. Und diese feurigen Zungen befanden sich nicht nur auf den Köpfen von einigen Auserwählten, sondern auf allen!

Von diesem Moment an war statt einigen wenigen auserwählten Priestern, die als Mittler zwischen Gott und Menschen dienten, plötzlich jeder Nachfolger Jesu ein Priester. Das bedeutet, dass wir heute direkten Zugang zu Gott haben. Wir müssen nicht jedes Mal, wenn wir beten, unsere Sünden bekennen oder Gott preisen möchten, einen Pastor oder Priester rufen. Es bedeutet auch, dass wir füreinander Priester werden sollen. Was tut ein treuer Priester für sein Volk? Er betet für sie, ermutigt sie, hat ein Auge auf sie, spricht sie auf Fehler an, trauert mit den Trauernden, freut sich mit den Fröhlichen. Und als Folge dessen fühlen sich die anderen geliebt, betreut, sicher und gesegnet.

Stellen Sie sich eine Gemeinde vor, in der jedes Mitglied seine Priesterschaft so ernst nimmt, wie es die alttestamentlichen Priester getan haben. Eine solche Gemeinde würde die Welt auf den Kopf stellen!

Paulus beschreibt in seinem Brief an die Epheser, Kapitel 4, Verse 11 und 12, dass Gott einige dieser priesterlichen Diener mit der besonderen Fähigkeit ausgestattet hat, andere darin zu schulen, wie man dient: „Und auch die versprochenen ‚Gaben' hat er ausgeteilt: Er hat die einen zu Aposteln gemacht, andere zu Propheten, andere zu Evangelisten, wieder andere zu Hirten und Lehrern der Gemeinde. *Deren Aufgabe ist es, die Glaubenden zum Dienst bereitzumachen,* damit die Gemeinde, der Leib von Christus, aufgebaut wird" (Hervorhebung des Autors).

Statt des alttestamentlichen Tempelsystems haben wir heute Gemeinden voller Priester, unter denen sich einige Lehrer, Leiter und Pastoren befinden, die dazu berufen sind, die anderen Priester für ihren Dienst zuzurüsten. In den meisten modernen Gemeinden sind diese „ausrüstenden Diener“ bezahlte Pastoren und Mitarbeiter. Und die, die die guten Werke tun, sind die Ehrenamtlichen.

In der Geschichte hat die Gemeinde Jesu immer dann reiche Früchte getragen, wenn dieses oben geschilderte Konzept in die Tat umgesetzt wurde. In einer solchen Situation gewinnt jeder:

- Die „Ausrüster“ freuen sich jedes Mal, wenn sie sehen, wie Gott einen Mitarbeiter einsetzt, den sie ermutigt, geliebt, geschult und bevollmächtigt haben.
- Die Mitarbeiter gewinnen, weil sie die Freude erleben, die entsteht, wenn man sich von den Zuschauerrängen aufs Spielfeld begibt. Sie werden in Gottes Händen zu Instrumenten der Heilung, Hoffnung und Veränderung.
- Die Gemeinde gewinnt, weil sie eine liebevolle, vereinigte, vielbegabte Kraft zum Guten wird, die ihr Umfeld positiv beeinflusst.
- Und natürlich gewinnt auch der Architekt des ganzen Planes, denn Gott freut sich daran, wenn er sieht, dass seine Kinder seinen großartigen Plan mit dieser aus dem Lot geratenen Welt weiterbringen.

Die Entgleisung

Ich bin kein Historiker und kann nicht genau sagen, wann und wie der Kirchen-Zug aus den Gleisen gesprungen ist, aber er hat es getan. Obwohl die frühe Kirche mit diesem wunderschönen Konzept des Priestertums aller Gläubigen angefangen hatte – nach dem jedes Mitglied ein aktiver Mitarbeiter sein sollte und gute Werke in allen Bereichen vollbracht werden sollten –, sind im Laufe der Jahrhunderte die meisten Gemeinden zum alttestamentlichen Modell zurückgekehrt. Hier ein Beispiel, wie es häufig dazu kommt:

Eine Gruppe von etwa 100 Menschen kommt zusammen, beschließt, eine Gemeinde zu gründen, und „heuert“ einen Pastor an. Dann sagen sie zu ihrem neuen Angestellten: „Also gut, wir wollen, dass du Folgendes tust: Predigen, Lehren, Verheiraten, Beerdigen, Kranke besuchen, Seelsorge, Evangelisieren, Geld auftreiben, den Gemeindebrief herausbringen, die Ansagen machen, für die Kranken beten. Und dann, am Jahresende, sehen wir, ob du unsere Erwartungen erfüllt hast. Wenn ja, darfst du noch ein Jahr bleiben. Wenn nicht, suchen wir uns jemand anderen."

Wenn der bezahlte Pastor sich voller Inbrunst in seine zahllosen Aufgaben stürzt und die Gemeinde zu wachsen beginnt, stellt sie vielleicht noch einen weiteren Pastor ein oder einen Jugendleiter oder Ähnliches. Doch noch immer bezahlt die Gemeinde jemanden für den eigentlichen Dienst.

So steht sie dann irgendwann mit ein paar völlig überarbeiteten Vollzeitkräften da, die durch die Spenden der Mitglieder finanziert werden und die ganze Fülle der priesterlichen Aufgaben erledigen sollen, während alle anderen passive Beobachter bleiben, deren Gaben und Talente wegen Nichtgebrauchs immer weiter verkümmern.

So wird heutzutage in den meisten Gemeinden verfahren – und das hat überhaupt nichts mit dem Neuen Testament zu tun! Tragischerweise hat diese „Methode" viele Gemeinden ruiniert; sie sind schwach, unorganisiert und kraftlos. Und unglücklicherweise ist die innere Einstellung dahinter nur sehr schwer zu verändern.

Howard Snyder schreibt in *Liberating The Church* („Befreiung der Kirche"), dass die meisten Gemeindemitglieder „von Ärzten erwarten, dass sie uns behandeln, und nicht, dass sie uns darin ausbilden, andere zu heilen. Wir erwarten von Anwälten, dass sie uns einen Expertenrat geben, nicht, dass sie uns in die Geheimnisse des Rechtssystems einweihen. Und ebenso wollen wir, dass Pastoren uns dienen, und nicht, dass sie uns nicht schulen und ausbilden, damit wir selbst dienen können."[4]

Ich glaube, einer der Hauptgründe dafür, dass ich so dickfellig bin, ist, dass ich viele Jahre lang das Missfallen von Menschen ertragen musste, die wollten, dass ich wie ihr Arzt oder ihr Anwalt bin. Sie wollen, dass ich meine „priesterliche Funktion" für sie erfülle – und begreifen gar nicht, dass Gott sie selbst dazu beruft, ihre priesterliche Verantwortung wahrzunehmen!

„Du bist der Priester!", protestieren sie, „nicht wir!" Aber die Bibel spricht eine andere Sprache: „Stimmt nicht. Wenn du Christ bist, bist du auch ein Priester."

Wie mag wohl Gott empfinden, wenn die Menschen mit einer Konsumhaltung in die Kirche kommen: „Dient mir!", sagen sie. „Lehrt mich. Betet für mich. Bringt meine Kinder in Ordnung. Und wenn ihr das alles nicht zu meiner Zufriedenheit erledigt, suche ich mir eine andere Gemeinde, die mir mehr Aufmerksamkeit schenkt!" Ich habe gelernt, dass man unmöglich eine Gemeinde bauen kann, die Gott die Ehre gibt, wenn die Bänke mit Konsumenten gefüllt sind.

Man kann auch keine Gemeinde bauen, die Gott die Ehre gibt, ohne Lehrer, Leiter und Pastoren zu haben, die sich ganz der Ausrüstung anderer verschrieben haben. Wenn diese sich selbst aber als die einzigen „Ausführenden" im Dienst sehen und von ihrer Kanzel aus auf die Gemeinde herabschauen, in der Überzeugung, dass der Heilige Geist nicht durch diese Menschen da unten wirken kann, dann sind sie ihrer Berufung und Gottes Auftrag ungehorsam!

Ganz ehrlich – ich begreife nicht, warum Gemeindeleiter so etwas tun! Ich bezweifle, dass es daran liegt, dass sie ihre Bibel nicht kennen. Vielleicht haben sie einfach nie gelernt, Verantwortung zu delegieren. Oder sie wissen nicht, wie man ein Team aufbaut. Vielleicht fühlen sie sich auch unsicher und denken, wenn sie Aufgaben abgeben, könnte ihr Stern verblassen. Was auch immer der Grund ist: Sie vegetieren als einsame, gestresste Angestellte vor sich hin und reiben sich in dem Versuch auf, alles selbst zu erledigen, während gelangweilte potenzielle Mitarbeiter Woche für Woche ihre gewohnten Plätze in den Zuschauerrängen einnehmen – und das ganze Abenteuer verpassen!

Ich habe schon so oft Pastoren sagen hören: „Meine Leute kommen einfach nicht von den Zuschauerplätzen, um zu dienen!" Und dann muss ich immer fragen: „Erwecken Sie bei ihnen Begeisterung dafür? Lehren Sie regelmäßig über die Priesterschaft aller Gläubigen? Haben Sie Ihre Gemeinde kürzlich daran erinnert, dass sie alle den Heiligen Geist in sich tragen? Haben Sie deutlich gemacht, dass sie nicht Theologie studiert haben müssen, um in Ihrer Gemeinde mitzuarbeiten und etwas zu bewegen? Sind sie sich im Klaren darüber, dass sie keine Vorkenntnisse mitbringen müssen, um Kleingruppenleiter zu werden, Kranke zu besuchen oder vielleicht sogar einen ganz neuen Dienst ins Leben zu rufen? Berufen Sie sie dazu, ein Teil der alles verändernden Arbeit Gottes zu sein? Oder stellen Sie die Mitarbeit eher als eine lästige Pflicht dar, eine Mühsal, die sie ertragen müssen, so wie die Eltern ihr Kind bitten, den Müll rauszutragen?"

Ich erinnere mich noch lebhaft an eine Zeit, als wir in *Willow Creek* viel zu wenige ehrenamtliche Mitarbeiter hatten. Meine (bezahlten) Mitarbeiter kamen zu mir und sagten: „Hey, Bill, du musst etwas unternehmen! Wir versuchen, neue Mitarbeiter zu motivieren, aber es klappt nicht. Du musst über diese Dinge predigen!" Also dachte ich eine Weile nach und sagte dann im Gemeindegottesdienst: „Okay, lasst uns eine Abmachung treffen: Ich halte so lange eine Predigtreihe über die Priesterschaft aller Gläubigen, bis wir alle an Bord haben und eine Gemeinde sind, in der alle ihren Beitrag leisten. Ich warne euch – ich kann unheimlich stur sein!"

Das war der Anfang einer Predigtreihe, die über 13 (!) Wochen lief. Von der Priesterschaft der Gläubigen kam ich zum Konzept des Leibes Christi in 1. Korinther 12. Dieser Bibelstelle zu Folge braucht der Leib Christi alle seine Glieder – Augen, Ohren, Nase, Hände, Füße –, um richtig zu funktionieren und wirklich lebendig zu sein: „Wie könnte ein Mensch hören, wenn er nur aus Augen bestünde? Wie könnte er riechen, wenn er nur aus Ohren bestünde?" (Vers 17). Woche für Woche hämmerte ich der Gemeinde die Tatsache ein, dass der Leib Christi nicht das tun kann, wozu er von Gott berufen ist, wenn er nicht eine Gemeinschaft von interaktiven, dienenden Brüdern und Schwestern wird. Das bedeutet es, ein Priester zu sein!

Gott hat diese Zeit gebraucht, um Hunderte von neuen Mitarbeitern zu berufen. Ein Gemeindemitglied erzählte mir erst neulich:

„Es ist jetzt schon fast 20 Jahre her – es war bei Predigt Nummer 12 deiner Marathon-Reihe über das Dienen –, als mir plötzlich klar wurde, dass Gott mich nicht auf sich aufmerksam gemacht und in seine Familie gerufen hatte, nur damit ich mich jetzt zurücklehnte und das genoss, was mir geboten wurde. Er hat mich dazu berufen, ein ehrenamtlicher Priester zu sein. Danke, dass du mit dieser Reihe nicht aufgehört hast und dass ich jetzt dabei bin!"

Die Vision erweitern

Wenn wir eine nach biblischem Vorbild funktionierende Gemeinde sein und unser Potenzial vergrößern wollen, müssen wir auch die Vision der ehrenamtlichen Mitarbeit verbreiten. Lassen Sie es mich noch einmal sagen: Wenn die, die dazu berufen sind, andere auszurüsten, dies auch wirklich tun, und wenn Freiwillige kommen, um ausgerüstet und mit Aufgaben betraut zu werden, gewinnt jeder – die Ausrüster, die Mitarbeiter, die Gemeinde und ihr Umfeld. Und Gott erhält alle Ehre, weil es seine großartige Idee war.

Wenn Sie dieses Buch lesen und zu einer Gemeinde gehören, aber noch nicht mitarbeiten – hoch mit Ihnen! Gott hat Sie ausgezeichnet, indem er Sie dazu berufen hat, sein Priester zu sein. Nehmen Sie diese Auszeichnung an!
Wenn Sie ein Leiter sind, der seine Mitglieder nicht dazu ausrüstet und beruft, mitzuarbeiten, betrügen Sie sie um ihre wichtigste Aufgabe! Das können Sie besser! Und zwar am besten jetzt gleich! Stellen Sie sich der Herausforderung.

Versuchen Sie sich vorzustellen, was in Ihrer Gemeinde passieren könnte, wenn jeder potenzielle Mitarbeiter – jeder Priester – tatsächlich nach seinem biblischen Mandat leben würde! Was für eine außergewöhnliche Kraft zum Guten würde dann freigesetzt!

6. Mittendrin statt nur dabei

Wenn ich zusammenfassen sollte, was der Schlüssel zum Finden des eigenen ganz persönlichen, perfekten Einsatzortes in der Gemeinde ist, könnte ich das in einem Wort tun: experimentieren!

Vor 20 Jahren hätte ich das noch nicht gesagt; noch nicht einmal vor zehn. Damals hätte ich Ihnen geraten, zuerst einmal Ihre geistlichen Gaben herauszufinden, diese von Gott verliehenen Talente, die jeder Christ hat und die ihn befähigen, die Anliegen Gottes möglichst effektiv voranzubringen. „Lesen Sie 1. Korinther 12,1", hätte ich vorgeschlagen, „und Römer 12, 1. Petrus 4 und Epheser 4. Und dann führen Sie einen Gabentest durch. Lernen Sie und denken Sie nach. Bevor Sie sich irgendwo einbringen, sollten Sie zuerst herausfinden, was Gott Ihnen mitgegeben hat. Sind Sie vor allem zur Leitung begabt, zum Lehren, zu praktischen Dingen? Können Sie besonders gut Menschen ermutigen, beraten oder als Gastgeber bewirten? Können Sie Personen, die Gott fern stehen, seine Botschaft gut vermitteln? Macht es Ihnen Freude, Ihre handwerklichen Fähigkeiten oder Ihr musikalisches Talent in den Dienst Gottes zu stellen? Empfinden Sie geistliche Erfüllung, wenn Sie etwas organisieren oder hinter den Kulissen helfen? Sind Sie bekannt dafür, besonders weise, unterscheidungsfähig, großzügig oder glaubensstark zu sein?

Wenn Sie alle diese Fragen beantwortet haben", hätte ich gesagt, „dann können Sie anfangen, den Antworten entsprechend mitzuarbeiten." Ich war mir ganz sicher, dass es richtig ist, beim Entdecken der geistlichen Gaben anzufangen, weil ich sehr früh in meinem Dienst erlebt habe, was passieren kann, wenn man das nicht tut!

Eine bittere Lektion

In seinen frühen Lektionen über das Dienen lehrte Dr. B. uns auch etwas über geistliche Gaben. Während wir zusammenarbeiteten, fragten wir uns gegenseitig: „Wer bist du und welche speziellen Talente und Fähigkeiten bringst du in unsere gemeinsamen Bemühungen mit ein?" Auf unserem Weg zu einer dienstbereiten Gemeinde ermutigten wir einander, in den Dienstbereichen mitzuarbeiten, in denen wir uns am effektivsten einbringen konnten und die uns richtiggehend aufblühen ließen.

Doch ohne Geld, ohne Räumlichkeiten und ohne bezahlte Mitarbeiter eine richtige Gemeinde zu gründen war viel härter, als wir gedacht hatten. Wir waren uns absolut sicher, dass Gott uns dazu berufen hatte, eine Gemeinde zu gründen, die Kirchendistanzierte ansprechen und sie dabei unterstützen würde, zu hingegebenen Nachfolgern Jesu Christi zu werden. Doch wir waren nur so wenige und hatten so viel zu tun! Die überwältigenden Ansprüche an unsere Zeit und unsere Talente ließen uns schnell auf das Konzept des „bloßen Dienens" zurückkommen. Wie ein Mantra sagten wir uns immer wieder: „Wir werden tun, was immer nötig ist ..."

Wenn etwas getan werden musste, diskutierten wir nicht lange herum. Wir machten es einfach. Wenn eine zu erledigende Aufgabe zufällig zum Gabenprofil eines Mitarbeiters passte, sahen wir das als zusätzlichen Bonus an, aber diese Übereinstimmung hatte definitiv keine Priorität.

Ich predigte, leitete die ausnahmslos ehrenamtlichen Mitarbeiter, sang in zwei verschiedenen Musikteams mit, übernahm die Jüngerschaftsschulung von Menschen, die gerade erst zum Glauben gekommen waren, trieb Geld auf, erstellte strategische Pläne, besuchte Leute im Krankenhaus, leitete einen Hauskreis und führte Trauungen und Beerdigungen durch. Jeder andere im Leitungsteam diente mit derselben Intensität. Wenn neue Leute dazukamen, forderten wir sie auf, sich ebenso einzubringen – und sie taten es! Unsere Gemeinde hätte nicht einmal ein einziges Jahr existiert, wenn nicht alle diese völlige Hingabe und die Einstellung gehabt hätten: „Wir werden tun, was immer nötig ist ..."

Doch nachdem wir uns fünf Jahre lang hundertprozentig eingebracht hatten, begannen die ersten Erschöpfungssymptome aufzutreten. Männer und Frauen mit aufrichtigem Herzen und tiefer Hingabe sagten: „Ich kann nicht mehr. Ich bin am Ende." Andere stöhnten: „Ich bin wirklich wütend. Was ihr verlangt, ist unmenschlich!" Manche waren so ausgebrannt, dass sie die Gemeinde verlassen mussten, um sich zu erholen.

Der Lebensstil, den wir uns auferlegt hatten, funktionierte ein paar Jahre lang, weil wir jung waren und ganz in unserem Gemeindegründungsabenteuer aufgingen. Doch er war weder gesund noch konnten wir ihn dauerhaft durchhalten. Wir hatten uns alle nur eine einzige Frage gestellt: „Was muss gemacht werden?", und wir hatten enthusiastisch mit Taten geantwortet. Aber wir hatten nicht die anderen ebenso wichtigen Fragen gestellt: „Worin bist du wirklich gut? Was gibt dir Energie?" Und anders gefragt: „Worin bist du nicht gut? Was raubt dir deine Kraft?" Wir waren einfach nicht der Meinung, dass wir uns den Luxus solcher Fragen leisten könnten.

Doch als die 1970er in die 1980er übergingen, wurde uns klar, dass zur treuen Mitarbeit mehr gehört als nur immer mehr Mitarbeit. Wir mussten weiser dienen. Wir mussten wieder zu dem Konzept der geistlichen Gaben zurückkehren, das wir in unserer Zeit mit Dr. B. kennen gelernt hatten. Also fingen wir an, wieder über die geistlichen Gaben und ihre Bedeutung für die Mitarbeit zu lehren, so oft wir konnten. Wir entwickelten einen tief greifenden Kurs zum Entdecken der geistlichen Gaben namens *Network* („D.I.E.N.S.T."), der jeden Samstag stattfand. Ich hielt in unseren Gemeindegottesdiensten in der Woche eine neunteilige Predigtreihe zu den geistlichen Gaben. Wir dachten uns sogar eine Kurzfassung des Gabentests aus, die ich in unseren Wochenendgottesdiensten verwendete.

In den 1980er Jahren entdeckten sehr viele Menschen in unserer Gemeinde, wie viel Freude es macht, in einem Bereich mitzuarbeiten, der vollkommen zu ihrer Persönlichkeit, ihren Neigungen und geistlichen Gaben passte. Doch dabei stießen wir auf zwei Probleme:

Erstens schwang das Pendel zu weit aus.

Der Versuch, Christen dabei zu helfen, ihre Effektivität zu vergrößern, ohne sie zu überfordern, schlug bald in eine allgemeine „Ich kann nicht mitarbeiten, bevor ich nicht den idealen Platz dafür gefunden habe"-Mentalität um. Es war gar nicht so, dass die Menschen sich *weigerten*, in einem Bereich mitzuarbeiten, der nicht hundertprozentig ihren Gaben entsprach – sie dachten, dass sie es nicht tun *sollten*; sie hatten es so verstanden, dass erst alle ihre Fähigkeiten und Neigungen absolut klar sein müssten, damit sie auch alles richtig machten.

Unseren Mitgliedern war klar, dass sie sich als Diener einbringen sollten, und sie wollten auch dienen – aber es war ein hochkomplizierter Prozess geworden, herauszufinden, wie und wo sie mitarbeiten konnten.

Zweitens hatten wir fälschlicherweise angenommen, dass der richtige Gaben-Test den Menschen dabei helfen würde, ihre gottgegebenen Talente zu entdecken. Bei manchen funktionierte das auch; sie füllten den Test aus, ermittelten ihre geistlichen Gaben und begannen sofort damit, sie einzusetzen – eine schöne Geschichte mit Happyend. Doch für viele andere war es nicht genug, einfach nur die Testbögen auszufüllen. Wir haben erlebt, dass ein solcher Test hilfreich sein kann, wenn eine Person bereits Erfahrungen in der Mitarbeit gemacht hat und diese einbringen kann. Doch für absolute Neulinge im Reich Gottes wirft ein solcher Test oft mehr Fragen auf, als er beantwortet.

Wir glauben immer noch daran, dass letztlich jeder Christ in dem Bereich mitarbeiten sollte, in dem er von Gott besonders begabt worden ist. Doch wir haben gelernt, dass man geistliche Gaben weniger im Voraus durch Ankreuzen von Kästchen herausfinden kann, sondern vielmehr, indem man einfach anfängt zu dienen und abwartet, was Gott einem dabei hinsichtlich der individuellen Talente offenbart.

Ich verrate Ihnen also jetzt, was wir heutzutage unseren potenziellen Mitarbeitern raten: „Lassen Sie sich zunächst einmal voll und ganz auf die Vorstellung ein, dass Sie als Nachfolger Jesu auch ein Diener sind. Dann nehmen Sie alles unter die Lupe, was Sie über Ihre Persönlichkeit, Ihre Interessen, Ihre Talente und Vorlieben wissen, um eine generelle Richtung einzuschlagen, in der eine Mitarbeit für Sie in Frage kommt. Sehen Sie sich andererseits auch die Bedürfnisse in Ihrer Gemeinde und deren Umfeld an. Und dann fangen Sie einfach an – mit einer bereitwilligen Haltung und einer großen Offenheit. Legen Sie sich das Handtuch über den Arm und machen Sie sich an die Arbeit. Und während Sie dienen und erleben, wie viel Freude es macht, etwas zu bewirken, sollten Sie sich mit den geistlichen Gaben beschäftigen, ein DIENST-Seminar besuchen und Gott darum bitten, dass er Ihnen die besonderen Begabungen zeigt, die er Ihnen mitgegeben hat. Der Trick liegt darin, die Entdeckung, Entwicklung und den Einsatz Ihrer geistlichen Gaben als einen Prozess zu betrachten. Machen Sie sich keine Gedanken darüber, dass Sie sofort den absolut passenden Dienstbereich finden müssen. Erlauben Sie sich selbst, ein wenig herumzuexperimentieren und zu lernen!"

Paradigmenwechsel

In unserer Gemeinde verlangte dieses Konzept der Experimentierfreudigkeit einen Paradigmenwechsel nicht nur bei den potenziellen Mitarbeitern, sondern auch bei den Festangestellten und den Leitern. In den meisten unserer bisherigen Dienstbereiche war eine verbindliche Mitarbeit für mindestens drei Monate vorgesehen – eine Vorstellung, die nicht gerade verlockend erscheint, will man nur einmal in einen Arbeitszweig hineinschnuppern.

Stellen Sie sich vor, Sie interessierten sich für einen bestimmten Autotyp, müssten aber erst einmal einen dreimonatigen Leasingvertrag unterschreiben, bevor Sie eine Probefahrt unternehmen dürften. Nicht sehr verkaufsfördernd, oder? Also führten wir für alle Dienstbereiche der Gemeinde ein neues Konzept ein, das wir *First Serve* (etwa: „Probelauf") nannten. Potenzielle Mitarbeiter sollten einfach ein- oder zweimal die Gelegenheit haben, ganz unverbindlich in einen Dienstbereich hineinzuschnuppern und ein paar kleinere Aufgaben zu übernehmen.

Unser *First Serve*-Motto lautet: „Komm einfach und sieh es dir an. Keine Verpflichtung. Kein Kleingedrucktes."

Bei manchen *First Serve*-Einsätzen muss man sich zwar im Voraus anmelden, aber bei den meisten kann man einfach so aufkreuzen und mitmachen. Es gibt feste Treffpunkte und Mitarbeiter, die die *First Serve*-Kandidaten in Empfang nehmen, ihnen alles erklären und ihnen zeigen, wo sie mithelfen können. Hier ein paar Beispiele:

- Jeden Samstag um 7:00 Uhr sind Helfer willkommen, die bei der Vorbereitung des großen Auditoriums für die Wochenendgottesdienste helfen – Aufbau der Technik, Bühnendekoration, Umbaumaßnahmen. Kinder unter 12 Jahren können in Begleitung eines Erwachsenen ebenfalls gern mitmachen.
- Samstags von 8:30 bis 12:00 Uhr können Menschen mit handwerklichen Kenntnissen dabei mithelfen, Reparaturen durchzuführen oder Kulissen zu bauen.
- Von 7:00 bis 11:00 Uhr am Samstag werden Heizung, Ventilation und Air-Condition der Gemeinde überprüft und ggf. in Stand gesetzt.
- Personen, die sich einen Einblick in die Arbeit mit Kindern verschaffen wollen, können zehn Minuten vor jedem Wochenendgottesdienst bei *Promiseland* hereinschauen und bekommen eine 45-minütige Führung, während das Programm läuft. Sie kön-

nen denjenigen, die die biblischen Geschichten vermitteln, den Kleingruppenleitern und Programmentwicklern ebenso bei der Arbeit zusehen wie auch die Tätigkeiten hinter den Kulissen begutachten. Ähnliche Touren gibt es auch in der Jungschar- und Jugendarbeit.

- Man kann sich auf einer Liste für die Reinigung der Toiletten und die Leerung der Mülleimer eintragen.
- Freiwillige Helfer sind auch immer willkommen, um am Freitagabend zwischen 17:00 und 19:00 Uhr oder am Samstag zwischen 17:30 und 22:00 Uhr beim Aufbau für die Kinder- und Jungscharveranstaltungen am Wochenende mitzumachen.
- Viele „Erstmitarbeiter“ fangen ihren Dienst im Buchladen damit an, dass sie Bücher einpacken, Kassetten kopieren oder nach dem Gottesdienst Aufnahmen der Predigten verkaufen.
- Andere steigen in unsere Sport-Angebote ein, indem sie beispielsweise am Dienstagabend den Punktestand beim Basketballspiel festhalten oder im Büro Papierkram erledigen und Anrufe entgegennehmen.
- Die Essensausgabe bietet ebenfalls viele Möglichkeiten der kurzfristigen Hilfe. Vom Anrühren von Suppen und Saucen bis zu kreativen Tischdekorationen für besondere Veranstaltungen ist alles wichtig.
- Immer sind auch erwachsene Helfer willkommen, die bei den Veranstaltungen für Schüler Gäste begrüßen, Handzettel verteilen oder dort bei anderen logistischen Aufgaben helfen.
- Auch unsere Dienstpartner in der Innenstadt bieten viele einmalige Mitmach-Aktionen an. Interessierte können in Obdachlosenunterkünften mitarbeiten, bei der Vorbereitung und Durchführung von Veranstaltungen helfen, Essen zubereiten und ausgeben, gespendete Kleidung einsammeln und sortieren, bei Renovierungsarbeiten helfen und so weiter und so fort.

Vier wichtige Fragen

Wir ermutigen die potenziellen Mitarbeiter immer dazu, sich selbst nach jeder solchen Einsatzerfahrung einige Fragen zu stellen:

Erstens: *Fühlte sich die Tätigkeit bedeutsam an?* Die Antwort ist natürlich rein subjektiv, aber sehr wichtig! Eine Person wird es beispielsweise als durchaus bedeutungsvoll empfinden, einen Rundbrief über die nächste Leiterschaftskonferenz für Pastoren in Umschläge zu stecken und zuzukleben; das sind dann Leute, denen das Ziel besonders am Herzen liegt (die Konferenz), die sich mit der Zielgruppe (Pastoren) identifizieren und gern Hintergrundarbeit machen. Eine andere Person findet vielleicht das Ziel ebenfalls sehr bedeutend, hasst aber diese monotone Arbeit und wird daher das Zukleben der Umschläge sicher nicht als sinnvoll wahrnehmen. Vermutlich wird er oder sie sich selbst zu überzeugen versuchen, dass diese Arbeit wirklich wichtig ist, aber sie wird nicht sonderlich motiviert sein, so etwas noch einmal zu tun. Und eine dritte Person stellt vielleicht fest, dass sie schon ganz gern im Hintergrund wirkt und nichts gegen monotone Aufgaben hat, diese jedoch lieber für ältere Menschen oder Jugendliche machen würde, was ihr eine zusätzliche Bedeutung verleihen würde.

Hier die nächste wichtige Frage: *Fühlten Sie sich innerlich gestärkter oder ausgelaugter, nachdem Sie diese Arbeit gemacht haben? Hat sie Sie belebt oder ermüdet?*

Dienen kann körperlich anstrengend sein und dennoch innerlich total befriedigen und erfrischen. Wenn ein Dienst Sie emotional erschöpft, haben Sie vermutlich die falsche Richtung eingeschlagen. Introvertierte Menschen finden beispielsweise oft Tätigkeiten, bei denen sie viel mit Menschen zu tun haben (wie beispielsweise den Begrüßungsdienst), extrem anstrengend, während extrovertierte Typen dabei geradezu aufblühen. Manche Menschen genießen das Chaos in einer Kleinkinder-Krabbelgruppe geradezu, während andere danach erst einmal eine längere Erholungspause brauchen. Sie werden einen Dienst, der Sie auslaugt, nicht lange durchführen können.

Die dritte wichtige Frage, bei deren Beantwortung sich viele Menschen richtiggehend schuldig fühlen, hat mit den Personen zu tun, mit denen man zusammenarbeitet: *Macht es Ihnen Freude, mit diesen Personen gemeinsam zu dienen? Ist die Beziehungsdynamik in Ihrem Team angenehm?* Die meisten Menschen, die zum ersten Mal vorsichtig aus den Zuschauerrängen aufs Spielfeld steigen, möchten gern ihrer Berufung entsprechend dienen und ihre Gaben für den Dienst an anderen einsetzen. Doch eine weitere wichtige Dimension ihrer Motivation ist ihnen vielleicht gar nicht so bewusst: Sie möchten Menschen kennen lernen. Sie wollen gleichgesinnten Brüdern und Schwestern begegnen. Sie sehnen sich danach, dass ihre Herzen von der Kraft der Gemeinschaft berührt werden. Wenn sie den Eindruck haben, dass dies in dem Dienst, den sie ausprobieren, nicht gegeben ist, ist es völlig in Ordnung, wenn sie sich anderswo umschauen.

Für manche Christen ist der Beziehungsaspekt wichtiger als alle anderen Faktoren. Im Laufe der Jahre habe ich oft Kommentare wie den folgenden gehört: „Ich war gar nicht so sicher, ob der Buchladen (oder der Parkplatzdienst, die Technik, die Arbeit mit Kindern) das Richtige für mich wäre, aber ich mochte die anderen Mitarbeiter so gern, dass ich weitergemacht habe. Eigentlich würde ich vermutlich jeden Job machen, wenn ich nur mit diesen Menschen zusammenarbeiten könnte.“ *Gut für dich*, denke ich dann. Gott hat eben einige von uns so beziehungsorientiert geschaffen, dass das Team für sie das allerwichtigste Kriterium für eine Mitarbeit ist.

Der vierte Punkt in diesem kleinen Selbsttest ist *ein ehrlicher Blick auf den eigenen Terminkalender und die Zeit, die Sie realistischerweise für eine Mitarbeit zur Verfügung stellen können*. Ganz egal, wie sehr Ihnen ein bestimmter Dienst zusagen würde – wenn Sie ihn nicht in Ihrem Zeitplan unterbringen können, werden Sie sich nie regelmäßig engagieren können.

Es gibt auch Menschen, die ein einziges Mal bei einer *First Serve*-Gelegenheit mitmachen und sofort auf den für sie zugeschnittenen Dienstbereich stoßen. Sie teilen einmal Obdachlosen Essen aus und sind gleich bereit, es einen ganzen Monat lang zu machen. Andere stellen fest, dass sie einige Aspekte der ausprobierten Arbeit sehr angesprochen haben, während andere sie eher abstießen. Sie nehmen dann das, was sie für sich erkannt haben, und nutzen es für ihr nächstes Experiment.

Nehmen wir zum Beispiel an, jemand nimmt an einer Führung durch die *Promiseland*-Räumlichkeiten teil und findet die Aufgaben eines Kleingruppenleiters hochinteressant, stellt aber gleichzeitig fest, dass er oder sie in einem Raum voller lärmender Kleinkinder verrückt werden würde. Beim nächsten Mal schaut diese Person sich dann vielleicht lieber die Tätigkeit eines Kleingruppenleiters für Teenager an.

Wenn jemand zehn *First Serve*-Einsätze braucht, um einen Dienstbereich zu finden, in dem er sich längerfristig verpflichten will, finden wir das großartig! Ein Hoch auf so viel Experimentierfreudigkeit! Das ist doch tausendmal besser, als wenn der Betreffende in einer frustrierenden, unbefriedigenden oder erschöpfenden Situation feststeckt, die ihn letztlich dazu veranlasst, sich wieder auf die Tribüne zurückzuziehen.

Man kann nie wissen ...

Eine Wahrheit, die immer zutrifft, wenn es um das Abenteuer der Mitarbeit in einer Gemeinde geht, lautet: Man kann nie wissen, was passieren wird.

Als Jackie sich bereit erklärte, in der Kleinkinderbetreuung mitzuhelfen, weil dringend Leute gebraucht wurden, konnte sie nicht ahnen, dass sie die nächsten 20 Jahre damit zubringen würde, Babys auf ihren Knien reiten zu lassen – und dass sie es so sehr genießen würde!

Als Tom beschloss, der Gemeinde seine handwerklichen Fähigkeiten zur Verfügung zu stellen, konnte er nicht ahnen, dass er letztlich mit einigen anderen Männern zusammen einen Dienst ins Leben rufen würde, der allein erziehenden Müttern bei allen zu Hause anfallenden Reparaturarbeiten half. Klemmende Türen und abgerissene Fußleisten in der Gemeinde zu reparieren war ein guter erster Schritt, doch der Dienst bei den allein erziehenden Müttern gestattete Tom, sein handwerkliches Geschick mit dem

Wunsch zu kombinieren, Menschen in Not tatkräftig zur Seite zu stehen.

Als Phil mir beim gemeinsamen Mittagessen schnell ein paar Sätze zum Gemeindebudget sagte (und ich mir auf einer Serviette Notizen machte), konnte er nicht ahnen, dass er die nächsten zwei Jahrzehnte unser Finanzkomitee leiten und dabei enorme Befriedigung empfinden würde.

Als Karen begann, mit Leuten zu sprechen und zu beten, die die Nummer unseres Krisentelefons gewählt hatten, konnte sie nicht ahnen, dass sie einmal ein Team leiten würde, das sich jeden Dienstagabend zusammenfindet, um für die Anliegen zu beten, die im Laufe der Woche telefonisch durchgegeben wurden.

Als Jan sich 1974 dazu überreden ließ, sich um die administrativen Aufgaben von *Son City* zu kümmern, konnte sie nicht ahnen, dass ihr „Dienstweg" sie von dieser Tätigkeit über den Versuch, Theaterstücke zu verfassen („Keine gute Idee", wie sie sagt) und die Leitung einer Kleingruppe schließlich in eine für sie sehr erfüllende und strategisch wichtige Position in der Gemeindeleitung führen würde.

Für alle diese Menschen führte ein Experiment letztlich zur perfekt passenden Dienstmöglichkeit. Daher lautet unser Motto: *Probieren Sie's einfach!* Ob dieser erste Schritt Sie gleich auf direktem Weg zu einer idealen Nische für Ihre Mitarbeit bringt oder ob er eher einen langsamen Prozess der Selbstfindung nach sich zieht – auf jeden Fall haben Sie sich auf die Reise gemacht, für die Sie geschaffen sind!

7. Fähigkeiten und Neigungen

Ein roter Mittelklassewagen hängt hoch oben auf einer hydraulischen Hebebühne. Die Wände hängen voller seltsam aussehender Gerätschaften, der Geruch nach Motoröl durchdringt die Halle, in der sich gerade die ehrenamtlichen Leiter zu einem Meeting zusammengefunden haben. Auf der Tagesliste stehen nur noch ein paar kleinere Punkte.

„Wenn du das Rot von GM mit dem Orange von Chrysler mischst, geht das in die Hose!"

„Was? Es gibt keinen 10/30er mehr? Das tut mir Leid, Leute. Ich bestelle gleich neuen!"

Pete, der Sprecher, ist der Personalleiter von CARS (*Christian Auto Repairmen Serving*, zu deutsch etwa: „Christlicher Auto-Reparaturdienst"). Die 20 Teamleiter, zu denen er spricht – ausschließlich Ehrenamtliche –, haben wiederum fast 90 ebenfalls ehrenamtliche Mitarbeiter, die jede Woche 20 bis 25 Autos instand setzen, um sie dann an bedürftige Menschen in unserer Gemeinde und der Umgebung weiterzugeben.

Die Autos werden von anderen Personen aus der Gemeinde gespendet. Die meisten Empfänger der reparierten Wagen sind allein erziehende Mütter, die die Autos danach auch kostenlos zur Inspektion, zum Ölwechsel und später anfallenden Reparaturen in die CARS-Werkstatt bringen können, so lange, bis sie diese Dinge selbst finanzieren können.

Für diese Menschen bedeutet der CARS-Dienst den himmelweiten Unterschied zwischen der Abhängigkeit von anderen in den täglichen Dingen des Lebens und der Unabhängigkeit, die ein zuverlässiges Transportmittel möglich macht. Es ermöglicht ihnen Jobwechsel, Fahrten zum Arzt, die Teilnahme an Gemeindeveranstaltungen und viele andere wichtige Dinge.

CARS ist eine Möglichkeit, wie technisch begabte Menschen anderen auf extrem bedeutungsvolle Weise dienen können. Die meisten CARS-Mitarbeiter sind keine ausgebildeten Automechaniker, sondern Lehrer, Steuerfachleute oder Anlageberater, die einfach gern an Autos herumbasteln.

„Von Beruf bin ich ein anzugtragender Manager in einem großen Kosmetikkonzern", erzählt Jac. „Aber irgendwie bin ich auch immer ein bisschen ein Garagenbastler gewesen."

Sehr viele Mütter sind heute sehr dankbar dafür, dass vor gut zehn Jahren eine Gruppe von „Garagenbastlern" beschlossen hat, anderen Menschen auf kreative Art mit dem zu helfen, was sie gut konnten. Und wir durften feststellen, dass es jede Menge Gemeindemitglieder gibt, die gern unter Motorhauben und hinter Kühlergrillen dienen – besonders, wenn sie dann noch mitbekommen, wie viel Freude sie anderen Menschen machen.

Jac sagt: „Wenn eine allein erziehende Mutter völlig verzweifelt zu uns kommt, weil mitten im tiefsten Winter der Fensterheber blockiert, sie das Fenster nicht mehr zu bekommt und sich die Reparatur nicht leisten kann … und zwei Stunden später fährt sie glücklich mit funktionierendem Fenster davon – dann ist das alles, was ich brauche, um weiterzumachen!"

„Wenn ein kaputtes Auto in die Werkstatt kommt und auf der Rückbank ist ein Kindersitz befestigt", berichtet Pete, „kann man richtig sehen, wie die Jungs im Team dahinschmelzen!"

In der CARS-Werkstatt wechselt kein Cent den Besitzer, „aber wir bekommen jeden Tag unseren Lohn", betont ein anderer Mitarbeiter. „Eines Abends kam eine Frau, um ihren Wagen abzuholen, und sie sagte nur immer wieder: ‚Danke, danke, danke, danke!' So etwas ist mehr wert als alles Geld der Welt!"

Eines Mittwochabends erzählte ich im Gemeindegottesdienst von CARS. Nach dem Gottesdienst kam ein Mann zu mir, der ungefähr zwei Meter groß und 120 Kilo schwer war.

„Ich bin ein nagelneuer Christ oder wie auch immer Sie das nennen", sagte er. „Ich bin erst seit kurzem hier, aber mir ist schon klar geworden, dass ich definitiv nie auf der Bühne stehen und singen werde. Vermutlich wäre ich auch als Kindertante nicht sonderlich gut und Krankenbesuche sind nicht so meine Stärke. Aber wo finde ich denn diese Jungs, die Autos reparieren? Ich könnte da jeden Montagabend mitmachen. Hätte nicht gedacht, dass ich jemandem helfen kann, indem ich Schraubenzieher und Lötkolben benutze!"

Doch, das kann er. Und Sie vielleicht auch.

Was lässt Ihr Herz höher schlagen?

Als Sie die unterschiedlichen Geschichten, Illustrationen und E-Mails in diesem Buch gelesen haben, gab es sicher einige, die Sie weniger interessiert haben, während andere Sie richtig zu Tränen rührten.

Diese Gefühle entströmen einer intensiven Neigung, einer inneren Leidenschaft. Einem gottgegebenen Bereich intensiven Interesses, der in jedem von uns verborgen ist. Wir ermutigen potenzielle Mitarbeiter zum Experimentieren, damit sie diese innere Leidenschaft entdecken.

> Unsere geistlichen Gaben mit dem besonderen Bereich unserer Neigungen zu verbinden ist der Schlüssel zu einer effektiven und erfüllenden Mitarbeit. Und nur so blühen Sie auf, nur so bleiben Sie über lange Strecken des Dienstes voller Begeisterung am Ball. Wenn Sie in einem Bereich dienen, der Ihre Leidenschaft entfacht, muss niemand Sie dazu ermuntern, bei der Stange zu bleiben; Sie können gar nicht anders! Es fühlt sich an wie das Klingeln zur großen Pause, wenn Sie endlich Ihrer Lieblingsbeschäftigung nachgehen können.

Viele Menschen entdecken ihre Neigung, wenn sie sich die persönlichen Fähigkeiten und Kenntnisse unter die Lupe nehmen, die sie erworben haben, so wie die CARS-Mitarbeiter. Das kann absolut alles sein – von Schreinerarbeiten über Computerkenntnisse, Erfahrungen als Sporttrainer oder Hobbygärtner bis hin zum Organisationstalent oder Cineasten, der alle aktuellen Kinofilme auf ihre Verwendbarkeit im Gottesdienst hin prüft.

Roberta, eine Friseurin, ist auch über ihre beruflichen Fähigkeiten auf ihre Neigung gestoßen. In den späten 1970er Jahren hörte sie an ihrer Arbeitsstelle ein Gespräch zwischen einer Kollegin und einer Kundin mit an. Monat für Monat erzählte diese Kundin, die erst vor kurzem Christ geworden war, Robertas Kollegin von ihrem neu gefundenen Glauben. Und Roberta war davon so gefesselt, dass sie sich ebenfalls für Gott öffnete.

„Von diesem Zeitpunkt an war mir klar, dass mein Leben ein höheres Ziel hatte", sagt Roberta. „Ich wollte die Jahre, die Gott noch für mich vorgesehen habe, nicht mit einer Tätigkeit zubringen, bei der es nur um Eitelkeit geht. 1980 kaufte ich meinen eigenen Salon, und von Anfang an wollte ich, dass es hier nicht nur um Haare geht, sondern um die Ewigkeit! Zunächst einmal äußerte sich das in der Art und Weise, wie ich meine Mitarbeiter und meine Kunden behandelte. Doch vor allem träumte ich davon, dass Gott meinen Salon auf besondere Weise gebrauchen würde, um Frauen zu erreichen, die Ermutigung und neue Hoffnung brauchen."

Robertas Traum starb nie, doch das eigene Geschäft und ihre Familie hielten sie zunächst davon ab, ihn aktiv voranzutreiben. Dann zerbrach ihre Ehe, und irgendwie landete sie in einem Workshop unserer Gemeinde, der Geschiedenen dabei hilft, das Geschehene zu verarbeiten. Und dort hörte sie von unserem „Friseur-Dienst". Roberta begann, sich mit anderen Profi-Haarkünstlern zu treffen, die ebenfalls ihr Können einsetzen wollten, um anderen Menschen zu dienen. Sie hörte bewegende Geschichten von Friseurinnen, die in Alten- und Behindertenheimen Haare schnitten. Andere berichteten von Reisen nach San Jose in Costa Rica, wo sie Friseur-Kurse für Frauen und Mädchen durchführten, die aus dem Teufelskreis der Prostitution ausbrechen wollten. Sie war überzeugt, dass auch sie ihren Traum auf die eine oder andere Weise verwirklichen würde.

Inzwischen führt Roberta mehrmals im Jahr in ihrem Salon einen „Schönheitstag" durch. An diesem Tag kommen 15 bis 20 andere Friseurinnen aus anderen Salons und opfern einige Stunden ihres Wochenendes, um Frauen, die gerade eine schwere Zeit durchmachen, die Haare zu stylen, ihnen Make-up aufzutragen und die Nägel zu pflegen. Beim ersten Schönheitstag kamen Frauen, denen auch bereits in einem anderen Dienst geholfen wurde. Dieser bietet Frauen übergangsweise Unterkünfte und berufliche Fortbildung an sowie Beratung für allein erziehende Mütter, die keine Wohnung mehr haben.

Roberta und ihre Kolleginnen baten ihre Kunden, Kleidung, Schuhe und Taschen für diese Frauen zu spenden. „Wir bekamen mehr Kleidung und Accessoires, als wir verwenden konnten. Die Frauen weinten einfach nur vor Freude, während sie alles anprobierten. Sie konnten gar nicht glauben, dass sie all diese Sachen geschenkt bekamen – und dazu noch einen neuen Haarschnitt."

Die Gäste beim letzten Schönheitstag waren Mädchen, deren Eltern gerade eine Scheidung durchmachten. An einem anderen Tag wurden Teenager schick gemacht, die ungewollt schwanger geworden waren.

Ein typischer Schönheitstag beginnt damit, dass sich die Friseurinnen zum gemeinsamen Gebet treffen und Gott darum bitten, ihnen die Worte zu schenken, die den Frauen wirklich helfen, denen sie dienen wollen. Danach begrüßen sie ihre Gäste herzlich und erklären ihnen den Tagesablauf. Und dann werden die Damen so richtig verwöhnt. Um die Mittagszeit genießen sie gemeinsam ein leckeres Essen, das von umliegenden Geschäften gestellt wird. Teresa, die den „Friseur-Dienst" ins Leben gerufen hat, hält dann abends als Abschluss eine Kurzpredigt, die auf den Versen 11 bis 14 aus Jeremia 29 basiert: „Denn mein Plan mit euch steht fest: Ich will euer Glück und nicht euer Unglück. Ich habe im Sinn, euch eine Zukunft zu schenken, wie ihr sie erhofft. Das sage ich, der Herr. Ihr werdet kommen und zu mir beten, ihr werdet rufen und ich werde euch erhören. Ihr werdet mich suchen und werdet mich finden. Denn wenn ihr mich von ganzem Herzen sucht, werde ich mich von euch finden lassen. Das sage ich, der Her."

„Ich spreche unheimlich gern über diese Verse", berichtet Teresa. „Wir ermutigen die Frauen dazu, sich Gott zuzuwenden und ihn um seine Leitung zu bitten, wenn ihr Leben schwierig wird und sie sich allein fühlen. Und weil sie gemerkt haben, dass sie uns wirklich wichtig sind, hören sie auch zu."

Roberta, die in ihrer Jugend mit einem schlechten Selbstwertgefühl zu kämpfen hatte, freut sich jedes Mal zu sehen, wie die Stimmung ihrer Gäste sich im Laufe des Tages immer mehr hebt.

> „Ich kann gar nicht beschreiben, was es mir bedeutet, diesen Mädchen und Frauen durch meine Fähigkeiten, meine Worte und meinen Einsatz zu zeigen, dass sie wertvoll sind. Es hat über 20 Jahre gedauert, bis mein Traum wahr wurde. Und als es endlich geschah, hat es mich förmlich umgehauen – und das tut es immer noch!"

„Am Ende jedes Schönheitstages sind wir alle in Tränen aufgelöst vor Dankbarkeit, dass wir unsere von Gott geschenkten Fähigkeiten und unsere Neigungen dazu einsetzen konnten, das Leben von anderen Frauen positiv zu verändern!"

Die Erfahrungen der CARS- und „Friseur-Dienst"-Mitarbeiter haben viele andere in unserer Gemeinde inspiriert. Eine Gruppe von Hobby- und Berufspiloten hat gemeinsam mit anderen, die in der Luftfahrtbranche tätig sind, einen Weg gefunden, wie sie ihr Können, ihre Maschinen und ihre Kontakte für das Reich Gottes einsetzen können. Bei einem ihrer letzten Treffen berichtete beispielsweise Chuck, der mit Flugzeugen handelt, dass er von einer leeren Frachtmaschine wisse, die nach Johannesburg in Südafrika fliegen würde. Ein *Willow Creek*-Mitglied, das das mitbekam, kannte „zufällig" jemanden, der eine ganze Garage voller Computer hatte, die auf den Transport zu einer Missionsgesellschaft in Südafrika warteten. Innerhalb von zwei Wochen standen die Computer zusammen mit Paletten voller Kleidung und Babyspielsachen für eine christliche Schule in Johannesburg im Laderaum der Frachtmaschine. Und eine Gruppe von Hobbyfliegern, Piloten und anderen Luftfahrtleuten hatte das Gefühl, etwas Positives bewirkt zu haben. „Mit den Computern wurden 15 junge Südafrikaner ausgebildet und konnten gute Arbeitsstellen ergattern", berichtet Chuck stolz.

Ich werde nie müde zu verfolgen, wie Gott kreative Ideen von Menschen, die selbstlos ihre Fähigkeiten zur Verfügung stellen, aufgreift und für seine Pläne gebraucht. Mike beispielsweise ist ein begabter Sprachwissenschaftler. Jeden Sonntag hält er nach einem unserer Gottesdienste einen Kurs zum Thema „Redewendungen und andere sprachliche Besonderheiten" für internationale Gäste ab. Die meisten Teilnehmer besuchen Chicagoer Universitäten. Indem Mike die im Gottesdienst vorkommenden Redewendungen aufgreift, hilft er den Studenten dabei, ihre Sprachfähigkeit auszubauen, und vertieft gleichzeitig ihr Bibelwissen.

Und noch eine Story zum Thema „Fähigkeiten", die ich sehr mag: 1980 entschloss sich Scott, der seit den frühesten Gründerjahren Mitglied von *Willow Creek* ist, seine Wasserski-Ausrüstung in unser Freizeitheim am Lake Michigan mitzunehmen und den Teenagern Wasserski beizubringen. „Aus irgendeinem Grund interessierten mich die Kids dieser Altersgruppe besonders", sagt er. „Wenn sie es schafften, auf den Skiern zu stehen, konnte man richtig sehen, wie ihr Selbstbewusstsein wuchs. Jahre später haben mir unterschiedliche Personen erzählt, dass das Wasserskifahren einer der prägendsten Momente ihres Lebens gewesen sei."

Und raten Sie mal – noch heute gibt es Wasserski-Kurse in *Willow Creek*. Der Dienst wurde immer von ehrenamtlichen Mitarbeitern geleitet und findet noch heute begeisterten Anklang. Allerdings fahren unsere Jugendlichen nicht mehr ins Freizeitheim, daher bieten die Leiter an unterschiedlichen Wochenenden im Sommer Wasserski-Kurse auf privaten Seen in der näheren Umgebung an. Die Jugendlichen machen eine enorm aufbauende Erfahrung, zu der sie sonst nie Gelegenheit hätten. Und Leiter wie Teilnehmer haben jede Menge Spaß dabei!

Etwas ganz anderes probieren

Interessanterweise bringen sich viele Mitarbeiter gerade gern in einem Bereich ein, der gar nichts mit ihrer beruflichen Tätigkeit zu tun hat.

Rich, der gerade erst zum Glauben gekommen war, leitete beispielsweise ein millionenschweres Unternehmen. Jeder Tag war für ihn mit folgenschweren wirtschaftlichen Entscheidungen und komplexen Problemen gefüllt. Das alles machte er wirklich prima, und so dachte ich, es sei eine gute Idee, ihn einzuladen, Teil unseres Leitungsteam zu werden, wo wir dringend jemanden mit seinem Erfahrungsschatz brauchten. Rich wollte sich auch herzlich gern in der Gemeinde einbringen – aber nicht in der Gemeindeleitung! Er wusste zwar noch nicht, in welchem Bereich er mitarbeiten wollte, aber eines war ihm ganz klar: Auf keinen Fall wollte er in seinem ehrenamtlichem Dienst dasselbe machen wie in seinem Alltagsjob!

Rich fand schließlich seine Nische, indem er einen Dienst ins Leben rief, der Menschen Rat und Hilfe anbietet, die in finanziellen Schwierigkeiten stecken. Hier konnte er seine Fähigkeiten anwenden, ohne dasselbe zu tun, was er auch im Arbeitsalltag tat. Er hätte im Leitungsteam wichtige Entscheidungen treffen können, die Auswirkungen auf Tausende von Menschen gehabt hätten, aber er wollte lieber mit den ganz praktischen, tagtäglichen Bedürfnissen von Einzelpersonen oder Familien zu tun haben. Oft traf ich ihn irgendwo in unserem Gemeindezentrum in Begleitung einer allein erziehenden Mutter mit ihren Kindern, die ihn „Onkel Rich“ nannten. Er fühlte sich erfüllt und nützlich, obwohl es ganz und gar nicht das war, was seine Freunde (und sein Pastor) von ihm erwartet hatten.

Die folgende E-Mail beleuchtet einen der Gründe, aus denen manche Menschen gern in einem Bereich mitarbeiten, der überhaupt nichts mit ihrem Job zu tun hat:

„In der Woche wickle ich große geschäftliche Transaktionen ab – an den Sonntagen arbeite ich in einem Raum voller Dreijähriger mit. Die simple Aufgabe, eine kindgerechte Lektion aus der Bibel zu lehren, und ab und zu eine schmutzige Windel zu wechseln, lassen mich die Bodenhaftung behalten, wenn ich Gefahr laufe, abzuheben, nur weil ich bei der Arbeit einen Millionendeal abgeschlossen habe. Mit Kindern zu arbeiten hält mein Herz weich und meine Füße auf dem Boden!“

Ein Mitarbeiter von *Special Friends*, unserer Arbeit für behinderte Kinder und Erwachsene, nannte ähnliche Gründe für seinen Dienst.

Ich traf ihn in einem mit Ballons und Luftschlangen dekorierten Raum, in dem 25 behinderte Kinder und beinahe ebenso viele Mitarbeiter sich durch eine Weihnachtsparty lachten, sangen und feierten. Der vornehm aussehende Mann im dunklen Anzug erklärte mir: „Jede Woche komme ich hierher und denke noch an geschäftliche Probleme, die Arbeitsabläufe und meine Kunden. Und jede Woche gehe ich wie auf Wolken nach Hause! Dies hier ist das Wichtigste und Erfüllendste, das ich in meinem Leben mache!"

Etwas Vertrautes ausprobieren

Während einige Menschen es als besonders befriedigend erleben, ihren Beruf hinter sich zu lassen, genießen andere Mitarbeiter es, Gott und anderen Menschen mit den Fähigkeiten zu dienen, die sich in 10, 20 oder 30 Jahren in ihrem Job erworben haben.

Randy ist Sprecher im Gesundheitswesen, Dale Analyst für das landesweite Gesundheitssystem, Becky arbeitet als Personalberaterin und Headhunterin, Rich als Anwalt, Rose ist ebenfalls im Personalwesen tätig und Dave arbeitet bei einer großen Fluggesellschaft als Leiter der Abteilung für Schadensersatz. Was haben sie gemeinsam? Sie bilden ein Team, das das Personalwesen von *Willow Creek* leitet und organisiert.

Als die Kosten für die Sozialversicherungen und Krankenkassenbeiträge für unsere Angestellten rasant stiegen, baten wir Randy, uns dabei zu helfen, eine Lösung für das dadurch entstehende finanzielle Problem zu finden. Randy begann, dass oben genannte Team aufzubauen: Manche Mitarbeiter sind Mitglieder von *Willow*, während andere weit entfernt leben und nur alle Monate einmal zu den Meetings anreisen.

Randy organisiert diese Treffen, führt sie durch und lädt regelmäßig Vertreter verschiedener Versicherungsgesellschaften und Krankenkassen ein, die ihre Modelle vorstellen. Sein Einsatz eröffnet uns Möglichkeiten, die sich niemals aufgetan hätten, wenn alles in den Händen unseres „normalen" Leitungsteams geblieben wäre. Randy und sein Team haben viel Zeit, Geld, Expertenwissen, Hunderte von E-Mails, Telefongesprächen und Gebeten investiert. Und die geistlich reife Perspektive dieser Männer und Frauen hat unsere Probleme auf eine Weise gelöst, die ganz klar deutlich macht, dass Gott auch hier seine Finger im Spiel hat.

Noch ein Beispiel: John war Hubschrauberpilot und Lehrer für Politologie an der *Naval Academy* (Marineschule), bevor er seinen Abschluss an der berühmten *Harvard Business School* machte. In seinem derzeitigen Job ist er für das Change-Management und die Prozessoptimierung in einer großen Firma zuständig. Weil er Gott und der Gemeinde „etwas zurückgeben" wollte, arbeitet er heute in unserem Planungsteam mit und nutzt seine Fähigkeiten in strategischem Denken, Leitung, Lehre und Prozessoptimierung, um die größten Herausforderungen im Bereich geistlichen Wachstums zu identifizieren und anzugehen. „Es ist eine sehr gesegnete Erfahrung", sagt er, „die mich dazu ermutigt, die Gaben, die Gott mir geschenkt hat, noch weiter in seinem Dienst einzusetzen."

Dave, ein weiteres Mitglied unserer Gemeinde, ist ein Experte in Sachen Organisationsstruktur. Als er nach einer geeigneten Möglichkeit suchte, in der Gemeinde mitzuarbeiten, tat er sich mit einigen anderen Managern zusammen und rief das *Storehouse* („Warenhaus") ins Leben, ein Dienst, der in der Innenstadt von Chicago beheimatet ist und günstig Baumaterialien für sozial schwache Familien zur Verfügung stellt. *The Storehouse* ist der Organisation *World Vision* angeschlossen und verwaltet die Materialien, die von unterschiedlichen Firmen gespendet werden, um sie dann gegen ein geringes Entgelt an Wohnungsbaugesellschaften und Sozialwohnungsämter abzugeben.

Seine beruflichen Kenntnisse in der Gemeinde einzusetzen ist für Dave so erfüllend, dass er sich wünscht, dass auch andere diese Erfahrung machen. „Es gibt so viele energiegeladene, erfahrene Leute, die durch die Gemeinden wandern und sich gern irgendwo einbringen wollen, doch die Gemeinden können das, was sie zu bieten haben, nicht gebrauchen. Es sind risikofreudige Alpha-Typen, die bereit, willens und fähig sind, ihre geschäftlichen Fähigkeiten unter der souveränen Leitung Gottes für die Gemeinde einzusetzen."

Dave hat Recht! Es ist Zeit, dass die Leiter von Gemeinden das bisher ungenutzte Expertenwissen erkennen und strategische Partnerschaften mit Profis wie Randy, John und Dave eingehen. Ich sehe hier zwei ganz wichtige Aspekte:

Erstens müssen Männer und Frauen mit besonderen Kenntnissen der Gemeinde ihre Dienste hartnäckig anbieten. Dazu Dave:

„Zuerst lehnt man Ihre Hilfe vermutlich ab, weil die Gemeindeleitung gar nicht begreift, was Sie anbieten oder wie sie Sie einsetzen soll. Aber machen Sie weiter; bauen Sie Verständnis auf, bewegen Sie etwas. Wenn Sie in einem bestimmten Dienstbereich keine Möglichkeit finden, sich einzubringen, suchen Sie weiter. Geben Sie nicht auf!“

Zweitens müssen die fest angestellten Mitarbeiter offen dafür sein, Verantwortung abzugeben. Sie müssen zulassen, dass ehrenamtliche Mitarbeiter Entscheidungen treffen und strategische Ideen entwickeln dürfen. So nimmt zum Beispiel Tammy, unsere Personalleiterin, an den Teammeetings der Ehrenamtlichen teil, überlässt aber die Leitung vollkommen Randy, denn dieser bringt die nötige Erfahrung dafür mit. So ist dies eine echte Partnerschaft, die unserer Gemeinde bereits große Dienste geleistet hat und ehrenamtliche Mitarbeiter zutiefst erfüllt.

Der gesunde Menschenverstand

Wir als Leitungsteam von *Willow Creek* hatten nie geplant, in unserer Gemeinde spezielle Dienste ins Leben zu rufen, in denen sich Automechaniker und Hobbybastler, Friseure, Piloten oder Wasserski-Fans engagieren würden. Und wir konnten uns auch nicht vorstellen, dass unsere Personalabteilung einmal stark von einem Team von ehrenamtlichen Mitarbeitern beeinflusst werden würde. Doch wir haben schon immer auf den gesunden Menschenverstand gehört, der uns sagt, dass Dienste auf den Begabungen, Interessen und Fähigkeiten der Menschen aufbauen sollten, die Gott in unsere Gemeinde führt.

Mitte der 1970er Jahre, als wir die Jugendarbeit ins Leben riefen, aus der später unsere Gemeinde hervorging, hatten wir eigentlich nicht vorgehabt, Theaterstücke, eine Band und Tanzeinlagen (oder irgendeine andere Form der „modernen Kommunikation", die viele Christen damals so schockierend fanden) in unseren Gottesdiensten einzusetzen. Doch Gott führte einige junge Leute mit kreativen Ideen und Fähigkeiten zu uns und mit der Zeit spiegelten unsere Aktivitäten diese Begabungen und Leidenschaften wider.

Die Leitung jeder Ortsgemeinde sollte sich die biblischen Aufträge an die Kirche Jesu genau ansehen und Gott darum bitten, ihnen die nötigen „Glieder" zu schicken, damit ein gesunder und kompletter „Leib" entsteht, der seinen Dienst verrichten kann. Darüber hinaus bin ich der Meinung, dass jede Gemeinde ihre ganz eigene „Duftmarke" haben sollte, die aus der manchmal etwas eigenwilligen Mischung aus einmaligen Begabungen, Leidenschaften, Neigungen und Lebenserfahrungen ihrer Mitglieder besteht.

Es gibt keine Liste und keinen Zeitplan, die festlegen, wie eine Gemeinde gestaltet werden sollte. Jede Gemeinde muss sich einige Schlüsselfragen stellen: Wen hat Gott zu uns geführt? Was ist der besondere Beitrag, den diese Menschen leisten können? Wohin scheint uns der Heilige Geist zu führen? Was sagt der gesunde Menschenverstand?
Ich garantiere Ihnen eines: Welche noch so kuriose Form des Dienstes eine Gemeinde auch anbietet – irgendjemand in dieser Gemeinde oder ihrem Umfeld braucht verzweifelt genau diesen Dienst!

Ich danke Gott für die ehrenamtlichen Mitarbeiter, die beschließen, den Reichtum und die Unterschiedlichkeit ihrer Begabungen und Neigungen einzubringen, um diese Bedürfnisse zu stillen!

8. Dienen aus Liebe zu den Menschen

Carrie, eine Flugzeugingenieurin, ist jung, blond – und gefesselt von einer unerklärlichen Leidenschaft. „Ich war schon immer von der lateinamerikanischen Lebensart und Kultur fasziniert", sagt sie. „Keine Ahnung, warum – ich habe keinen Tropfen Latino-Blut in mir, obwohl ich wünschte, ich hätte es!" Carrie ist sehr sprachbegabt und so lernte sie schnell fließend Spanisch.

Als unsere Gemeinde mit *Casa de Luz* („Haus des Lichts") anfing, einem spanischsprachigen Wochenend-Gottesdienst, begann Carrie sofort, im Lobpreisteam mitzusingen. Wenig später wurde ihr die technische Leitung der Gottesdienste angeboten, und sie war überzeugt, dass dies genau die Aufgabe war, für die Gott sie vorbereitet hatte.

„Ich kann gar nicht fassen, dass ich die Gelegenheit habe, meine Freude an der Musik und der spanischen Sprache mit meiner Begabung auf dem Gebiet der Leitung und Organisation und meiner Liebe zum lateinamerikanischen Volk zu kombinieren! ‚Casa de Luz' wird von Leuten aus Puerto Rico, der Dominikanischen Republik, Guatemala, Venezuela, Mexiko – kurzum, aus ganz Südamerika – besucht, und ich bin fest davon überzeugt, dass Gott uns dazu beruft, uns zusammenzuschließen, um eine Gemeinschaft zu bilden, die der wachsenden lateinamerikanischen Bevölkerung in unserer Gegend dient. Ich habe mich immer gefragt, warum ich Lateinamerika so liebe. Jetzt weiß ich es!"

Wenn man sich zu einer bestimmten Gruppe hingezogen fühlt ...

Während die Menschen, die ich Ihnen im vorigen Kapitel vorgestellt habe, ihr ideales Dienstumfeld über eine bestimmte Fähigkeit gefunden haben, gibt es andere, die sich zu einer bestimmten Gruppe von Menschen hingezogen fühlen. Lesen Sie noch einmal Carries Worte: „Ich war schon immer von der lateinamerikanischen Lebensart und Kultur fasziniert. Keine Ahnung, warum."

Für viele Menschen wie Carrie ist die Leidenschaft, die sie antreibt, ein Rätsel. Wenn man sie fragt, in welchem Bereich sie gern mitarbeiten würden, sagen sie oft etwas wie: „Also, aus irgendeinem Grund habe ich mich schon immer für XYZ interessiert ..." Sie können den Grund für ihr Interesse nicht beschreiben, aber die Leidenschaft für eine bestimmte Bevölkerungsgruppe ist ganz klar da: Kinder, Senioren, Teenager, die ungewollt schwanger geworden sind, Behinderte, Familien an der Armutsgrenze, Verheiratete oder eine bestimmte kulturelle Gruppierung. Wie ein Strom fließen ihre Interessen und ihre Energien ganz natürlich auf diese Gruppen zu.

Eines Samstagmorgens fuhr ein Kleinbus voller Menschen von unserem Gemeindeparkplatz in Richtung Innenstadt, um einer Flüchtlingsfamilie aus Somalia dabei zu helfen, ihr erstes Zuhause in den Vereinigten Staaten einzurichten. Keiner der Mitfahrenden bereute die Tatsache, dass er seinen freien Tag opferte, um Menschen zu helfen, die er nicht kannte und mit denen er wegen der Sprachbarrieren vermutlich kein Wort wechseln konnte. Alle redeten aufgeregt durcheinander: „Wie schön, dass wir diesen Leuten helfen können, sich zurechtzufinden! Wir müssen ihnen unbedingt etwas zu essen besorgen. Und Kleidung! Bestimmt muss die Wohnung noch gründlich geputzt werden. Vielleicht können wir ja einige Worte ihrer Sprache lernen?" Ihre gottgegebene Leidenschaft für Flüchtlinge aus aller Welt verwandelte einen Arbeitseinsatz am Samstag in ein herrliches Abenteuer.

Andere Menschen entdecken ihre Neigungen, während sie in einem bestimmten Bereich mitarbeiten: Eheberatung, Trauerbegleitung, Berufsberatung, Suchthilfe, Betreuung der Opfer von Missbrauch, Verarmung, Justizirrtümern und Rassendiskriminierung. Oft bringen sich Menschen in diesen Bereichen ein, weil sie selbst ähnlich schmerzvolle Erfahrungen hinter sich haben.

Sharon zum Beispiel war am Boden zerstört, als ihr Ehemann, der ein Mitglied unserer Gemeindeleitung war, plötzlich verstarb.

Als sie hörte, dass sich gerade eine Arbeitgruppe bildete, die Trauernde begleiten und unterstützen sollte, schloss sie sich gleich dem ersten Workshop an. Die 20 anderen Teilnehmer hatten Ehepartner, Eltern, Geschwister oder Kinder verloren. „Die Menschen erlebten so großen Schmerz", sagt Sharon. „Der Tod eines Angehörigen hat viele Gesichter: eine plötzliche schreckliche Verletzung, eine lange Krankheit, Unfälle, Fehlgeburten, Selbstmord. Aber Schmerz ist Schmerz. Nach diesem ersten Workshop wusste ich, dass Gott mein Herz mit Mitgefühl und Liebe für trauernde Menschen gefüllt hatte."

Sharon arbeitet nun seit über zehn Jahren in leitender Position bei *Grief Support* (etwa: „Trauerhilfe") mit. Beim ersten Treffen kam die Musik aus einem tragbaren Stereorekorder, und die Leiter setzten sich mit den Teilnehmern zwanglos an die bereitgestellten Tische und sprachen über ein Buch, das sie zuvor gelesen hatten. Heute kommt die Musik von einer Live-Band, professionell abgemischt von Technikern, die jeden Montag kommen, um den Trauernden zu dienen. Jede Woche kommt ein anderer Sprecher, vom Therapeuten über Mitarbeiter bis hin zu Pastoren. 150 Menschen besuchten den letzten Workshop. Alle 15 Gesprächsleiter an den Tischen waren ehemalige Teilnehmer, die genau an dieser Stelle dienen wollten.

Sharon berichtet: „Die Menschen kommen auf Empfehlung eines Freundes, Kollegen oder ehemaligen Teilnehmers zu uns. Die meisten von ihnen haben noch nie eine Kirche von innen gesehen, doch dann kommen sie hierher und beginnen ihre ganz persönliche Suche nach Heilung – und nach Gott. Wir hoffen, dass diese tief verletzten Menschen ein Zuhause finden. Es gibt so viel Not. Wir tun nur unseren kleinen Teil, um sie zu lindern."

Rita, Laurel und Gail haben eine andere Art von Unterstützergruppe gebildet, die auf Familien ausgerichtet ist, die von psychischen Erkrankungen betroffen sind. Sie selbst haben ihren Teil an Erfahrungen auf diesem Gebiet durchlitten: ein Sohn ist manischdepressiv, ein weiterer wurde wegen Geisteskrankheit in eine geschlossene Anstalt eingewiesen; sie erlebten schwere Depressionen und die Selbstmorde eines Sohnes und eines Bruders. Doch sie wussten, dass sie mit ihrem Schmerz nicht allein waren. Rita, die als Gemeindeschwester in *Willow Creek* arbeitet, kannte verschiedene Familien, die sich mit Autismus, Depressionen, Schizophrenie, ADS und verschiedenen Angsterkrankungen auseinander setzen mussten.

Sie trafen sich zwei Jahre lang und beteten darum, dass Gott ihnen zeigen würde, wie sie andere Betroffene unterstützen konnten. Das Ergebnis ihrer Gebete hieß „Mentale Gesundheit ist Familiensache“ – ein Ein-Tages-Seminar für Angehörige von Menschen, die unter unterschiedlichen Formen von psychischen Störung litten, in dessen Anschluss unterschiedliche Selbsthilfegruppen angeboten wurden. „Sie sind nicht allein“, sagten sie zu allen Teilnehmern. „Jesus Christus kann diesen Sturm in Ihrem Leben dazu gebrauchen, um Brücken zu bauen.“

Die Schlüsselbibelstelle dieser Arbeit ist 2. Samuel 22, Vers 17: „Vom Himmel her griff seine Hand nach mir, sie fasste mich und zog mich aus der Flut.“ Genau dies haben Rita, Laurel und Gail erlebt und das möchten sie nun mit anderen teilen.

Ich habe zahllose E-Mails erhalten, in denen mir Menschen davon berichteten, wie ihnen ihre eigene Not dabei half, anderen Menschen zu dienen. Eine Frau schreibt:

„1991 befand ich mich in psychotherapeutischer Behandlung und war wirklich ein seelisches Wrack. Mein Therapeut schlug vor, dass ich mich einer kirchlichen Selbsthilfegruppe für Missbrauchsopfer anschließen sollte, und schließlich tat ich das auch widerstrebend. Mein Leben veränderte sich völlig und schließlich arbeitete ich selbst in dieser Gruppe als Beraterin mit. Dabei habe ich entdeckt, dass ich die geistliche Gabe der Leitung habe. Es hat mich mit einem Großteil meiner Vergangenheit versöhnt, dass ich die Möglichkeit habe, anderen Frauen, die dasselbe durchmachen wie ich, die Wahrheit von Gottes Wort zu bringen. Obwohl ich Gott niemals unterstellen würde, dass er mich diese schlimmen Erfahrungen machen ließ, damit ich wiederum eines Tages anderen Menschen mit ähnlicher Vergangenheit helfen könnte, glaube ich ganz fest, dass er etwas Schreckliches gebraucht hat, um es für den Aufbau seines Reiches zu nutzen.“

Eine andere Frau erzählt eine bemerkenswerte Geschichte, die alles übertrifft, was sie jemals erwartet hätte:

„Vor ungefähr sieben Jahren entdeckte ich eine Anzeige in der Zeitung, in der nach Betreuern für Teenager gesucht wurde, die ungewollt schwanger geworden waren. Da ich selbst meine Tochter auch schon mit 17 Jahren bekommen hatte, dachte ich, dass dies eine wunderbare Gelegenheit sein könnte, Gott etwas von dem zurückzugeben, was er mir geschenkt hat, und ihm für die lieben Menschen zu danken, die er damals in mein Leben geführt hat.

Während der nächsten zwei Jahre traf ich mich also regelmäßig mit einer Gruppe von Mädchen, die ich beriet, tröstete, unterstützte, ermutigte und gegebenenfalls auch korrigierte. Es war, als hätte ich über Nacht 25 Töchter im Teenageralter bekommen! Vorher hätte ich mir nie vorstellen können, wie lieb ich diese Mädchen gewinnen würde, wie viele verzweifelte Anrufe ich mitten in der Nacht bekommen und wie hilflos ich mich fühlen würde, wenn eine von ihnen mal wieder eine völlig falsche Entscheidung traf.

Ich half ihnen, eine Unterkunft zu finden, wenn ihre Freunde sie grün und blau geschlagen hatten. Ich kaufte für sie ein, wenn sie kein Geld hatten. Ich hütete ihre Kinder, wenn sie Vorstellungsgespräche hatten. Und die ganze Zeit über glaubte ich einfach fest an sie.

Weil es sich um ein städtisches Projekt handelte, konnte ich nicht offen über den Glauben reden. Doch es dauerte nicht lange, bis die Mädchen von sich aus Fragen darüber zu stellen begannen, an was ich glaubte, warum ich so anders war, wie ich es schaffte, nach all den Jahren noch mit demselben Mann verheiratet zu sein, und so weiter. Ich hatte viele Gelegenheiten, meine Erfahrungen mit Gott mit ihnen zu teilen.

Als unsere zwei Jahre um waren, fragten mich ein paar der Mädchen, ob wir nicht eine Art Hauskreis gründen könnten. Wow! Wir trafen uns also einmal die Woche abends bei uns zu Hause und mein Mann passte währenddessen in einem Nebenraum auf die Kinder auf! Schließlich kamen auch einige der dazugehörigen Männer. Ich kann nicht behaupten, dass alle zum Glauben gefunden hätten oder dass es einfach gewesen wäre. Aber es ist eine der wichtigsten Erfahrungen meines Lebens gewesen!“

Das Überraschungsmoment

Während manche Menschen von einer eindeutigen Passion zu einem bestimmten Dienst hingezogen werden, fühlen andere sich von Gott in einen Bereich geführt, an dem sie eigentlich gar kein Interesse haben. Doch wenn sie sich aus schlichtem Gehorsam dazu entschließen, es dort zu versuchen, entdecken sie oft, dass Gott sie besser kennt als sie sich selbst. Genau das ist in der folgenden Geschichte passiert.

Renetta beschreibt sich als „absolute Stadtpflanze" – trendy Klamotten, immer auf Achse, mit drei Jobs gleichzeitig, absolut selbstständig. „Ich brauchte niemanden", sagt sie selbst. Sie ist groß, dunkelhäutig und bildschön.

Renetta und ihr Mann Larry, ein Apotheker, besuchten unsere Gemeinde seit vielen Jahren und arbeiteten im Service-Team mit, das den Begrüßungsdienst, die Platzanweiser und Kollektensammler organisiert. An einem Samstag beschloss ihre Dienstgruppe, an einem Einsatz in einer armen Gegend in der Nähe der Gemeinde teilzunehmen. Zwei Busladungen voller Menschen reisten also zur *Quinn Chapel*, einer schwarzen Methodistenkirche, die an der Stadtgrenze von Chicago liegt.

„Außer uns und Larrys Bruder Garnett waren alle weiß", erzählt Renetta. „Alle lachten und redeten durcheinander, aber sie waren ganz schön nervös. Wir versuchten, sie zu beruhigen, aber das half nur wenig, weil sie einfach nicht wussten, was sie erwartete. Doch als wir aus dem Bus stiegen, umarmte Ruth, eine Frau aus der ‚Quinn Chapel', jeden Einzelnen wie einen alten Freund und sagte allen, wie froh sie war, dass sie gekommen seien. Das machte schon mal viel aus. Dann servierten uns die Gemeindemitglieder ein afroamerikanisches Frühstück. Larry, Garnett und ich fühlten uns wie im siebten Himmel! Es gab sogar Maisgrütze!"

Für Renetta und Larry war es ein großartiges Erlebnis, dass die Menschen, mit denen sie in *Willow* zusammenarbeiteten, sie nun hierher begleiteten. Das Gemeindehaus für eine unserer Partnergemeinden zu streichen war allein schon ein wertvolles Ziel, aber an diesem Tag wurde mehr verschönert als nur ein Bauwerk. „Sie machten eine kleine Führung und die ganze Kapelle war angefüllt mit afroamerikanischer Geschichte. Alle stellten interessierte Fragen und waren wirklich neugierig auf unsere Welt. Für uns war das der Anfang. Sie machten die Augen auf, wir machten die Augen auf, alle öffneten ihre Herzen und wurden an diesem Tag echte Freunde. Es war einfach wunderbar."

Als der Bus abends wieder zurück nach *Willow Creek* fuhr, waren Larry und Renetta richtig enthusiastisch, aber auch so erschöpft, dass sie eigentlich gleich nach der Schlussbesprechung nach Hause fahren wollten.

Doch da gab es noch ein Hindernis.

„Plötzlich kam diese weiße Frau in den Raum und blockierte buchstäblich den Ausgang." Die Dame war fest entschlossen, Larry, Renetta und Garnett zu einer Diskussionsgruppe namens „Brückenschlag statt Rassentrennung" zu schleppen, die sich in einem Nebenraum traf.

„Wir waren so müde", berichtet Renetta. „Am liebsten hätten wir irgendetwas Unverbindliches gesagt wie ‚Vielleicht ein anderes Mal', aber die Frau war sehr entschlossen, und schließlich sagten wir Ja. Unsere Herzen hatten sich an diesem Tag verändert, und wir fühlten uns zwar nicht verpflichtet hinzugehen, aber irgendwie ... überzeugt."

In dem Raum saßen eine einzige Schwarze und elf weiße Teilnehmer. Trotz ihrer Müdigkeit und ihres inneren Widerstrebens sprachen Larry, Renetta und Garnett ganz offen, weil sie überzeugt waren, dass ein Brückenschlag zwischen den unterschiedlichen Hautfarben nur gelingen konnte, wenn man ehrlich eingestand, dass es einen zu überbrückenden Abgrund gab.

Doch der Abend lief nicht gut. Als eine der weißen Anwesenden reichlich taktlos fragte, „wie ihr Leutchen denn nun genannt werden wollt", wären sie am liebsten gegangen. „Ich dachte nur: ‚Bleib ganz ruhig! Ganz ruhig!'", erinnert sich Renetta. Sie hielten sich äußerlich zurück, aber innerlich hatten Renetta, Larry und Garnett bereits die Nase voll. „‚Ihr Leutchen' – das klang so herablassend und so absolut trennend. ‚Ihr da drüben, wenn ihr euch von uns auf unsere Seite ziehen lasst, dann ist es okay, und sonst – bleibt doch da.'"

Doch später merkten sie, dass die Frau, die die Frage gestellt hatte, sich nur etwas ungeschickt angestellt hatte und wirklich etwas dazu lernen wollte. Trotzdem verließ Renetta dieses erste Treffen in der Überzeugung, dass es für sie auch das letzte gewesen sei. „Warum sollte ich noch mal da hingehen und über Dinge reden, die mich verletzt haben? Warum sollte ich das auf den Tisch bringen und von Weißen zerreden lassen?

Mit dem Einsatz an diesem Tag hatten unsere weißen Freunde ihren Wohlfühlbereich verlassen und eine Welt betreten, in der wir uns zu Hause fühlten. Einen Augenblick lang hatte sich für uns alles anders angefühlt. Doch dieses Treffen hatte mich schnell wieder auf den Boden der Tatsachen zurückgebracht. Ich sollte einen Teil von mir preisgeben, der sehr verwundbar ist. Einen Teil, über den ich mit meinen schwarzen Mitmenschen gar nicht reden muss, weil sie alle dasselbe erlebt haben. Larry, Garnett und ich sind in ganz unterschiedlichen Teilen des Landes aufgewachsen – in Chicago, Oklahoma und Indiana –, aber wir haben alle dieselben Taktlosigkeiten und Diskriminierungen erlebt. Wir verstehen einander ohne Worte. Und jetzt soll ich mich in einer Umgebung, in der ich die Fremde bin, für euch öffnen und mich noch darüber freuen? Warum? Was habt ihr schon getan, um zu rechtfertigen, dass ich dieses Risiko eingehe? Natürlich ist es mir wichtig, dass die Trennungen zwischen den Rassen überbrückt werden, aber muss das gleich bedeuten, dass ich mich vor diesen Menschen öffne und mein wahres Ich entblöße? Das klingt vielleicht ein wenig hart, aber so ist es doch."

Die drei hatten also keineswegs vor, noch einmal zu so einem Treffen zu gehen. „Doch wissen Sie, Gott ist größer als wir." In der nächsten Woche saßen sie wieder in der Runde und in der übernächsten auch.

„Jedes Mal konnten wir etwas mitnehmen und die anderen auch. Nicht nur wir öffneten uns, sondern auch die weißen Teilnehmer erzählten ihre Lebensgeschichten, und das half uns, geduldiger zu sein. Wir sprachen über lustige Sachen – ‚Nein, meine Haare werden nie richtig glatt, ganz egal, was ich anstelle' – und über richtig üble – ‚Wenn Sie in ein teures Bekleidungsgeschäft in Barrington gehen, werden Sie freundlich begrüßt, während ich unauffällig beschattet werde, nur vorsichtshalber'. Manche der Teilnehmer waren fasziniert, weil sie noch nie davon gehört hatten, dass solche Dinge wirklich jeden Tag passieren. Sie waren der Meinung, dass sich das längst geändert hätte. Natürlich hat es das auch, rein äußerlich – schließlich sind wir keine Sklaven mehr. Aber in den Köpfen der Menschen ist vieles immer noch wie eh und je. Man fühlt sich zum Beispiel absolut unwohl, wenn man in ein Restaurant geht und das einzige schwarze Paar dort ist. Und wenn man sich umsieht, bemerkt man all diese Augen, die einen anstarren."

Es war nicht leicht, in dieser Gruppe zu bleiben. Larry und Renetta hatten noch immer das Gefühl, dass sie mehr von sich preisgaben als die weißen Teilnehmer, weil es so vieles gab, das diese nicht wussten, aber kennen lernen wollten.

„Manchmal wollte ich einfach sagen: ‚Ich bin nicht euer Studienobjekt!'", sagt Renetta, „denn so fühlte es sich an. Aber wir machten weiter."

Als die Gruppenleiterin einen plötzlichen Todesfall in der Familie zu beklagen hatte, bat sie Renetta, sie zu vertreten. Diese stimmte widerstrebend zu. Tatsächlich sagte sie Larry noch auf dem Weg zum Treffen, dass sie diesmal zum letzten Mal dabei sein würde. „Wir machen das jetzt heute, und dann war's das!"

Aber der Abend lief gut. Im Anschluss meinte Larry zu Renetta: „Ich muss dir einfach sagen, was mir auf dem Herzen liegt. Ich bin zwar nur dein Mann, aber ich glaube, dass Gott mir aufgetragen hat, dir etwas mitzuteilen: Er braucht dich in dieser Gruppe. Wenn du ihn das durch dich machen lässt, wird er von jetzt an übernehmen."

Noch immer widerstrebend leitete Renetta auch das nächste Treffen – und das darauf folgende ebenfalls.

> „Gott ist gut. Jedes Mal, wenn ich mit einer negativen Haltung dort hinging, tat er etwas, das mich zutiefst bewegte und motivierte, Teil der Gruppe zu bleiben. Er führte mich einen Schritt nach dem anderen."

Im Laufe des darauf folgenden Jahres wurde Renetta offizielle Leiterin der Gruppe. Diese wuchs immer mehr und musste sich mehrmals teilen. Auch Larry wurde ein Gruppenleiter, und Renetta koordinierte schließlich den gesamten Arbeitszweig, der aus dieser ersten kleinen Diskussionsgruppe entstand.

Obwohl Renetta immer noch als ehrenamtliche Mitarbeiterin tätig ist, halten sie weder ihr „unbezahlter“ Status noch ihr anfängliches Widerstreben davon ab, einen großen Traum zu träumen. „Der Traum, den Gott mir geschenkt hat, geht über den Brückenbau zwischen Schwarz und Weiß hinaus. Er ist auf alle bezogen: Lateinamerikaner, Indonesier, Asiaten, Afrikaner, Indianer, Libanesen … er umfasst alle Kulturen. Sie sind ja alle hier. Ich weiß nicht, wie Gott das anstellen wird, aber ich bin offen für seinen Ruf.“

Offen für seinen Ruf

Eigentlich geht es in jeder Geschichte dieses Buches um Menschen, die für Gottes Ruf offen waren. Was hätten sie verpasst, wenn sie nicht hingehört hätten! Eine Herausforderung? Ein Abenteuer? Eine Gelegenheit? Eine Berufung? Einen Sinn hinter ihrem Leid? Persönliches Wachstum? Das Gefühl, etwas Positives zu bewirken?

Jede Geschichte erinnert uns an die große Not in unserer Welt – von Rassentrennung bis hin zu Trauernden, von missbrauchten Kindern zu Eheproblemen, von Obdachlosen zu Entmutigten: So viele Bedürfnisse wären nicht gestillt worden, hätten die Menschen, von denen ich berichtet habe, nicht zugelassen, dass Gott durch ihre Leidenschaft und ihren Schmerz wirken kann, selbst gegen ihren inneren Widerstand.

Welche Leidenschaft mag Gott wohl in Ihnen wecken? Gibt es eine bestimmte Gruppe von Menschen oder eine Thematik, die Sie einfach nicht aus dem Kopf bekommen? Haben Sie großes Leid erlebt, das Ihr Herz für Menschen geöffnet hat, die ähnliches durchgemacht haben? Verspüren Sie eine Art geistliches Ziehen in einen Bereich, in dem für Sie bisher noch nie eine Mitarbeit in Frage kam? Ignorieren Sie nicht, was in Ihrem Herzen gerade vor sich geht. Gott spricht zu Ihnen – hören Sie gut zu. Und dann handeln Sie. Machen Sie den ersten Schritt. Experimentieren Sie herum.

Aufs Spielfeld mit Ihnen!

9. Vergessen Sie nicht zu fragen

Wenn Sie einen ganz normalen Mitarbeiter fragen, warum er oder sie zu einer bestimmten Zeit in seinem speziellen Dienstbereich angefangen hat, werden die meisten mit den Schultern zucken und etwas sagen wie: „Weil jemand mich gefragt hat, ob ich es mache."

Ich glaube, dass es in den Gemeinden überall auf der Welt Menschen gibt, die Gott, seine Kirche und ihre Mitmenschen herzlich lieben, sich aber noch nie bewusst irgendwo eingebracht haben, weil sie einfach niemand darum gebeten hat.

So geht's

Es gibt so viele Möglichkeiten, wie man jemanden um seine Mithilfe bitten kann. Manchmal geschieht dies in Form einer herausfordernden Predigt, in der potenzielle Mitarbeiter den Ruf verspüren, sich von den Zuschauerrängen zu erheben – ihnen wird klar, dass es jetzt für sie einfach Zeit ist, aktiv zu werden. Sie wissen vielleicht noch nicht genau, wie und wo sie sich einbringen sollen, aber sie müssen jetzt mit dem Probieren anfangen.

Andere hören vielleicht von einer bestimmten Aufgabe, die so offensichtlich mit ihrer eigenen Leidenschaft übereinstimmt, dass sie gar nicht anders können, als dort mitzuarbeiten – diese Menschen wissen dann natürlich genau, wo und wie sie mitarbeiten sollen.

In unserer Gemeinde achten wir sehr darauf, dass bestehende Bedürfnisse bekannt gemacht werden. Jede Woche drucken wir eine ganze Liste von Dienstmöglichkeiten in unserem Programm ab, das jeder Besucher der Gemeindegottesdienste in die Hand bekommt. Bei den Wochenendgottesdiensten lassen wir zu Beginn oft Videoclips laufen, die Dienstbereiche vorstellen. Wir veranstalten Infotage und „Tage der offenen Tür" in den verschiedenen Bereichen. Vergangenen Sommer gab es zum Beispiel einen Tag der offenen Tür in der CARS-Werkstatt. Die CARS-Mitarbeiter führten ihre liebevoll restaurierten Oldtimer vor, und es gab ein richtiges Stock-car-Rennen, das ein Freund der CARS-Arbeit sponserte. Das Ziel dieses Tages war es, neue Leute für die Arbeit zu interessieren – und an diesem Wochenende meldeten sich sage und schreibe 23 neue Mitarbeiter!

Doch bei all unseren Bemühungen, die Dienstbereiche und ihren Bedarf an Mitarbeitern publik zu machen, ist nach wie vor der effektivste Weg die persönliche Ansprache – und je persönlicher sie ist, desto besser. Die Mitarbeiter des Arbeitszweiges selbst sind immer die beste Werbung für neue Mitarbeiter!

Eine Anzeige im Gemeindebrief, die Personen mit einem grünen Daumen für den Bereich Gartengestaltung anwerben soll, spricht vielleicht einige echte Gartenfreaks an. Doch ein begeisterter Mitarbeiter, der „dieses fantastische Beet da drüben mit den roten Petunien" selbst bepflanzt hat, kann viel eher Leute für diesen Dienstbereich begeistern. „Es sind nur ein paar Stunden jeden Samstag. Komm schon, es macht wirklich Spaß! Und jedes Mal, wenn du hier aufs Gelände fährst und deine Beete siehst, weißt du, dass du eine wichtige Rolle dabei gespielt hast, alles hier schön und freundlich zu gestalten!"

Mitarbeiter sind die beste Werbung für neue Mitarbeiter, aber wenn die leitenden Mitarbeiter keine Kultur des Fragens vorleben, wird es auch kein anderer tun.

Wenn ich einen neuen Mitarbeiter für das Leitungsteam einstellen will, fange ich bei Personen an, die ich kenne. Seit Jahren sprechen wir in unserer Gemeinde beispielsweise von „Freundschafts-evangelisation". Das heißt, wir laufen nicht herum und suchen uns willkürlich wildfremde „Bekehrungsopfer" in der Fußgängerzone, weil wir wissen, dass unsere Glaubwürdigkeit bei Menschen, mit denen wir bereits eine freundschaftliche Beziehung eingegangen sind, viel höher ist. Und dasselbe gilt auch für das Anwerben von neuen Mitarbeitern.

Die Vision vermitteln

Am besten geeignet ist ein Treffen zu zweit, bei dem der Mitarbeiter dem potenziellen Helfer die Vision des jeweiligen Dienstes vermittelt. Diese Vision malt ein mitreißendes Bild von dem positiven Einfluss und den wertvollen Erfahrungen, die ein potenzieller Mitarbeiter dort machen kann. Und auch an dieser Stelle sind bereits aktive Mitarbeiter die besten Visionsvermittler.

„Fred", sagt so ein Mitarbeiter vielleicht zu seinem Freund, „ich arbeite im Kindergottesdienst mit, und ich sag dir was: Die anderthalb Stunden, die ich jedes Wochenende mit den Kids verbringe, sind das Highlight der ganzen Woche! Wenn ich einem Kind, das bisher noch nie etwas von Gott gehört hat, erkläre, wie man betet, oder einem Kind aus einer kaputten Familie klar machen kann, dass Gott es unendlich lieb hat – das ist das Tollste, das ich je erlebt habe! Ich habe mich gefragt, ob du vielleicht mal mitkommen und dir ansehen möchtest, was bei uns so läuft."

Generell halte ich es für unklug, von einem potenziellen Mitarbeiter gleich eine längerfristige Verpflichtung zu erwarten. Laden Sie ihn oder sie einfach zum ersten Schritt des Experimentier-Prozesses ein. Das soll aber nicht heißen, dass Sie sich bei der Visionsvermittlung zurückhalten sollten! Ich male zukünftigen Mitarbeitern immer in den glühendsten Farben aus, wie sehr ich meinen Job liebe, was für großartige Kollegen ich habe, wie wichtig unsere Arbeit ist und dass sie sie vermutlich auch lieben werden.

Die Menschen verdienen eine klare und überzeugende Vision!

Wenn ein Mitglied unseres Verkehrs-Teams einen Freund dazu animieren will, mitzumachen, sagt er nicht zu ihm:

„Hey Fred, hättest du Lust, jeden Sonntag um sechs Uhr morgens 200 orangefarbene Plastikhütchen auf dem Parkplatz der Gemeinde aufzustellen? Es ist ein blöder Job, aber irgendjemand muss es ja machen!" Nein, er wird sagen: „Fred, ich arbeite im Verkehrs-Team mit. Wir helfen dabei, dass Hunderte von Erstbesuchern gleich einen positiven Eindruck von unserer Gemeinde bekommen. Wir glauben, dass wir die geistliche Wirkung des Gottesdienstes noch verstärken können, indem wir die Leute schon auf dem Parkplatz freundlich willkommen heißen und es ihnen möglichst angenehm und einfach machen, ihr Auto abzustellen. Hättest du nicht Lust, dabei mitzumachen?"

Wenn der Leiter unserer Teeniearbeit neue Leute sucht, sagt er nicht:

„Du weißt sicher, dass alle Teenager mindestens drei Jahre lang an ‚Schwachsinnitis' leiden, sich grausig anziehen und generell unerträglich sind. Aber sie brauchen erwachsene Aufpasser. Würdest du also in den sauren Apfel beißen und mir etwas dabei helfen?"

Nein, er sagt: „Ich habe mich ganz in den Dienst für Menschen in einer Altersstufe gestellt, die vielleicht die entscheidendsten drei Jahre ihres Lebens umfasst. MTV will sie haben und die meisten Marketingchefs zielen mit ihren Kampagnen auf sie ab. Sie haben noch nicht das innere Rückgrat entwickelt, um gute Entscheidungen zu treffen, und sind leicht zu beeindrucken. Wenn du also mit deinem Leben wirklich etwas bewirken und einen positiven Einfluss auf viele verletzliche Kids ausüben möchtest, deren Zukunft von den Entscheidungen abhängt, die sie heute treffen – dann schließ dich unserer Arbeit an!"

Eine solche Einladung bringt auch *mich* fast dazu, selbst in die Teenie-Arbeit einzusteigen (aber nur fast)!

Ein Beispiel aus der Praxis

Einmal in der Woche findet in unserer Gemeinde das „offizielle" Teenager-Treffen im großen Forum statt. Doch eigentlich ist das Herz der Teenie-Arbeit der Sonntagabend, an dem sich 30 bis 40 Teenager aus örtlichen Highschools zu Hause bei den Mitarbeitern treffen, zusammen Spaß haben, die Bibel lesen, eine Andacht hören und dann in Kleingruppen über das Gehörte sprechen. Der Schlüssel zum durchschlagenden Erfolg dieser Hauskreise ist der jeweilige Leiter, der durch die Diskussion führt und sich ganz persönlich um seine Schützlinge kümmert. Die Leiter gehen mit den Kids frühstücken, besuchen ihre Sportveranstaltungen, lernen ihre Freunde kennen, hören zu, reden und beten mit ihnen – kurzum, sie werden ein Teil ihres Lebens.

Ruth, die Leiterin eines solchen Hauskreises, war entschlossen, drei junge Männer von Mitte 20, die sie kannte, als Kleingruppenleiter anzuwerben. Sie sprach Todd, Jimmy und Michael an: „Hey Jungs, wir haben wirklich tolle Leute in unserem Hauskreis, aber wir brauchen dringend noch ein paar ältere männliche Kleingruppenleiter. Ich kenne euch – ihr seid lustig, cool und ideenreich, und ihr habt Lebenserfahrung, die den Kids nützlich sein könnte, ohne dass ihr altersmäßig zu weit von ihnen entfernt seid. Ihr seid genau die Richtigen für den Job! Ich glaube, ihr könntet die ganze Schule auf den Kopf stellen – und es würde euch einen Riesenspaß machen! Also denkt mal drüber nach und fragt Gott, was er davon hält. Ich spreche euch demnächst noch mal an."

Beinahe zwei Monate lang dachten die Jungs nach und beteten. Sie begannen, miteinander darüber zu scherzen, wie sie demnächst die Welt retten würden. Doch tief in ihnen begann die Vision, die Ruth in ihre Herzen gepflanzt hatte, Wurzeln zu schlagen: Was, wenn sie wirklich das Leben einiger Highschool-Kids zum Positiven verändern konnten? Vielleicht konnten sie ihnen helfen, so in ihrem Glauben an Gott zu wachsen, dass sie wiederum anderen Teenagern an der Schule von ihm erzählen würden?

Ruth rief die drei an, um sie daran zu erinnern, dass die Einladung noch immer stand. „Wir denken noch darüber nach", sagten sie. Ruth versorgte sie mit noch mehr Stoff zum Nachdenken, indem sie ihnen von den guten Kontakten erzählte, die sie bereits mit dem Schulpersonal geknüpft hatte, und ihnen Ideen lieferte, wie sie diese Kontakte ausbauen und nutzen könnten. Sie betete außerdem beharrlich täglich dafür, dass Gott an den drei jungen Männern wirken würde und dass sie antworten würden, falls er sie wirklich in die Teenager-Arbeit berief.

Die Vision breitete sich weiter aus. Die Jungs saßen am Wochenende im Gottesdienst und lauschten der Predigt. Bei Begriffen wie „etwas aus seinem Leben machen ... die von Gott gegebenen Begabungen einsetzen ... Risiken eingehen ... Evangelisation ... Jüngerschaft ... Ziel und Sinn", dachten sie alle an dasselbe: den Hauskreis.

Ruth kam wieder auf sie zu und lud sie zu einem Abendessen mit den anderen Kleingruppenleitern ein und danach zu einem Abend mit dem Hauskreis. Sie kamen und entdeckten zwei wichtige Dinge: Erstens mochten sie die anderen Mitarbeiter wirklich gern. Und zweitens wurde ihnen klar, dass man Teenager nur dann dazu bringen kann, über tief gehende Themen zu diskutieren, wenn man selbst voll ins Gespräch einsteigt.

Zwei Tage später traf sich Ruth mit ihnen zum Frühstück, um mit ihnen über ihre Eindrücke vom Hauskreistreffen zu sprechen. „Wie hat's euch gefallen? Hattet ihr den Eindruck, dass diese Aufgabe zu euch passt? Konntet ihr etwas mit diesen Kids anfangen? Wie könntet ihr euch eure Beteiligung in der Zukunft vorstellen? Gibt es irgendeine Möglichkeit, wie ich euch helfen kann, diese Sache noch besser kennen zu lernen?" (Es schadete übrigens auch nicht, dass Ruth das Frühstück bezahlte!)

Ich war nicht wirklich überrascht, dass diese drei jungen Männer schließlich enthusiastische, effektive Kleingruppenleiter wurden. Ruth hatte alles richtig gemacht. Durch einen gemeinsamen Freund kannte sie die drei gut genug, um zu wissen, dass sie tatsächlich für die Aufgabe geeignet waren und um sie auch persönlich anzusprechen. Also fragte sie sie einfach. Und hakte nach. Und jedes Mal, wenn sie wieder auf die Jungs zukam, teilte sie ihnen ein bisschen mehr von ihrer Vision mit. Sie überzeugte sie davon, dass sie etwas wirklich Wichtiges tun würden. Und nicht nur das – sie würden auch richtig gut darin sein und große Freude daran haben. Klugerweise gab sie ihnen auch eine spezifische Beschreibung des Jobs. Sie sagte nicht nur vage: „Hey, würdet ihr gern mit Teenagern arbeiten?“ Sie lud sie ein, als Kleingruppenleiter für Kids aus einer bestimmten Highschool und einem bestimmten Hauskreis an einem bestimmten Abend in der Woche mitzumachen. Sie beschrieb ihnen, was sie tun müssten. Sie würden keine Predigten halten müssen, sondern Gesprächsgruppen leiten. Sie würden nicht ständig mit den Teens herumhängen müssen, aber es wurde von ihnen erwartet, dass sie ab und zu auch etwas außerhalb der Hauskreise mit „ihren“ Kids unternahmen, um sie besser kennen zu lernen. Ruth wusste, dass jeder potenzielle Mitarbeiter genau wissen muss, was ihn erwartet.

Oft zögern Menschen, weil sie einfach nicht genüend Informationen haben. Sie müssen wissen, was genau ihre Aufgaben wären, wann sie wo sein müssten, wie viel Zeit sie für was investieren müssen. Sie können nicht Ja sagen, wenn sie noch darüber im Dunkeln tappen, was sie eigentlich genau machen müssen. Und sie brauchen die Sicherheit, dass das, was von ihnen verlangt wird, auch machbar ist.

Zurück zu Ruth. Als die drei Jungs Interesse an der Arbeit signalisierten, lud sie sie zu einem Kennenlernen mit den anderen Leitern ein. Ihr war klar, dass die drei zuerst einmal herausfinden mussten, ob sie zu den anderen Mitarbeitern eine Beziehung würden aufbauen können, bevor sie sich dazu verpflichteten, langfristig mindestens einen Abend pro Woche mit diesen Leuten zu verbringen.

Das Feedback ernst nehmen

Nach dem ersten Hauskreistreffen suchte Ruth das, was der am meisten vernachlässigte (und gleichzeitig einer der wichtigsten)

Teil des Anwerbeprozesses ist: das Feedback. Viel zu oft läuft es doch so: Man spricht jemanden an, diese Person taucht endlich auch auf, um sich die Arbeit anzusehen – und dann hofft man einfach, dass es ihr gefallen hat und sie wiederkommt.

Warum setzen Sie sich nicht einfach mit dem potenziellen Mitarbeiter hin und reden mit ihm oder ihr darüber, wie der erste Eindruck von der Arbeit war?

Wir sollten uns immer daran erinnern, dass es bei der Mitarbeitersuche nicht darum geht, jemanden irgendwie in einen Dienst hineinzumanövrieren und bestehende Lücken zu füllen. Es geht darum, Personen die Erlaubnis zu erteilen, herumzuprobieren und zu lernen. Es geht darum, Menschen auf ihrem persönlichen geistlichen Weg zu begleiten. Es geht darum, Menschen bei der Entdeckung ihrer geistlichen Gaben und ihrer Neigungen zu helfen.

Wir brauchen also Rückmeldung. Wenn ein potenzieller Mitarbeiter uns erzählt, er habe jede Minute genossen, können wir uns einfach freuen und ihn ermutigen, weiterzumachen. Wenn er Bedenken äußert, müssen wir nachfragen, woher diese kommen. Hat der Ablauf nicht funktioniert? Wurde er nicht ausreichend unterstützt? Hatte er das Gefühl, auf verlorenem Posten zu stehen? Hat er festgestellt, dass Kleinkinder oder Teenager einfach nicht so auf seiner Wellenlänge liegen? Dass administrative Tätigkeiten nicht sein Ding sind? Dass er auf Dauer einfach Probleme damit hat, jeden Samstag um Punkt 7:00 Uhr morgens auf der Matte zu stehen?

Kann der Dienst irgendwie angepasst werden, um ihn für diese Person zuzuschneiden? Wie würde seine/ihre Traum-Mitarbeit aussehen? Gibt es eine Möglichkeit, diesen Dienst so zu verändern, dass alle einen Gewinn daraus ziehen?

Einer unserer langjährigen Mitglieder im Leitungsteam erfuhr, dass er beruflich entweder in einen anderen Teil des Landes versetzt würde oder montags bis freitags dort verbringen müsse. In jedem Fall würde er seine Leitungsfunktion in der Gemeinde aufgeben müssen – nahm er an. Doch als ich ihn fragte, ob es irgendeine Möglichkeit gäbe, seine Tätigkeit bei uns so zu verändern, dass er sich weiter einbringen könnte, hatte er einen Vorschlag, den wir ganz leicht umsetzen konnten. Es erforderte nur eine kleine Verschiebung der Verantwortlichkeiten und der Zeitplanung.

Später schickte er mir einen Dankesbrief: „Es hat mich sehr beeindruckt, dass dir meine Mitarbeit wichtig genug war, um eine maßgeschneiderte Lösung für meine neuen Lebensumstände zu finden." Er hätte mir nicht danken müssen, denn diese Anpassung machte es möglich, dass ein fähiger Mitarbeiter uns erhalten blieb. Nach einigen Jahren änderte sich seine Arbeitssituation übrigens erneut und er konnte wieder in vollem Umfang in der Gemeinde dienen wie früher.

Drei Schlüssellektionen

Eine gute Mitarbeiterkultur entsteht nicht einfach so. Sie erfordert immer große Investitionen von Seiten der leitenden Mitarbeiter einer Gemeinde. Dieses Kapitel möchte ich daher mit drei Lektionen beenden, die leitende Mitarbieter immer im Hinterkopf behalten sollten.

1. Ein neuer ehrenamtlicher Mitarbeiter ist ein Wackelkandidat

Natürlich kann jemand, der schon lange Zeit dabei ist, auch einmal eine Panne oder einen unpassenden Kommentar verkraften. Doch ein neuer Mitarbeiter reagiert auf Entmutigungen oder Desillusionierung extrem empfindlich. Und die erste Diensterfahrung prägt oft die lebenslange Einstellung einer Person zur Mitarbeit generell.

Vielleicht haben Sie das auch schon erlebt: Eine frisch gebackene Mitarbeiterin meldet sich zum Dienst, und ein gedankenloser Leiter stopft sie einfach in eine Position, die überhaupt nichts mit ihren Gaben, Neigungen oder Fähigkeiten zu tun hat. Dabei lässt er ihr nicht einmal einen eleganten Ausweg („Hey, wenn das nicht funktioniert, finden wir bestimmt eine andere Dienstmöglichkeit, die dir Freude macht!“), sodass die neue Mitarbeiterin treu ein ganzes Jahr lang diese Tätigkeit versieht – und sich die ganze Zeit uneffektiv, unzufrieden und erschöpft fühlt. Sie bringt sich wirklich voll ein, erreicht aber nichts. Schließlich will sie den Dienst quittieren, woraufhin der Pastor oder der leitende Mitarbeiter ihr ein schlechtes Gewissen macht und ihr unterstellt, mit ihrer mangelnden Verbindlichkeit sozusagen Gott persönlich im Stich zu lassen.

Dabei ist es oft kein Problem der Verbindlichkeit.

Wenn Menschen aus den Zuschauerrängen aufs Spielfeld kommen, dann liegt das gewöhnlich daran, dass Gott ihre Herzen berührt hat und sie wirklich etwas für sein Königreich bewirken wollen. Doch eine Diensterfahrung, die über einen längeren Zeitraum frustrierend ist, kann Menschen so weit entmutigen, dass sie schließlich alle Schuldgefühle auf sich nehmen, trotzdem aufhören, wieder zurück auf ihre Zuschauerbank klettern, die Arme vor der Brust verschränken und jedem tödliche Blicke zuwerfen, der sie noch einmal aufs Spielfeld locken will.

Ich habe oft Dinge gehört wie: „Bill, ich würde wirklich gern mitarbeiten, aber im Moment geht es nicht. Meine Frau und ich brauchen mal eine Pause. Wir haben zehn Jahre lang die Kleingruppen in unserer früheren Gemeinde organisiert. Wir haben viele, viele Stunden investiert, aber nie die nötige Schulung erhalten, und unser Pastor hat unsere Bitten um Unterstützung nie ernst genommen. Wir sind einfach völlig ausgelaugt. Jetzt brauchen wir erst mal Zeit, um uns von dieser Erfahrung zu erholen!“ Wie traurig!

Manchmal wird unsere Gemeinde zu einer Art Sanatorium für

verwundete Diener aus anderen Gemeinden – und manchmal für die aus unserer eigenen! Wir haben selbst viele Fehler gemacht, die Menschen verletzt haben, und wir müssen ihnen alle Zeit zugestehen, die sie zur Heilung brauchen.

Wie können wir vermeiden, dass so etwas überhaupt geschieht? Einmal mehr ist die Antwort beschämend einfach: Fragen Sie. Schreiben Sie einen Brief. Laden Sie einen neuen Mitarbeiter zum Essen oder auf einen Kaffee ein und stellen Sie ein paar grundsätzliche Fragen wie: „Wie fühlst du dich so in dem Dienstbereich? Inspiriert er dich? Freust du dich schon auf den nächsten Einsatz?“ Und haken Sie auch bei den Kollegen des Neuen nach: „Wie läuft es bei dir? Befriedigt dich die Arbeit immer noch? Gibt es irgendwelche Vorschläge, was wir verbessern könnten?“

2. Die einfachste Methode, einen Mitarbeiter zu frustrieren, besteht darin, seine Zeit zu verschwenden

Diese Lektion sollten sich besonders diejenigen Leiter merken, die für die Mitarbeiterkoordination zuständig sind.

Meist läuft es folgendermaßen: Der Pastor predigt über das Dienen, stellt kreativ die verschiedenen Dienste der Gemeinde vor und spricht persönliche Einladungen aus. Menschen melden sich für eine Mitarbeit. In idealen Szenarien werden sie sogar noch zu einem Dienst geleitet, der ihren Gaben und Neigungen entspricht.

Also geht der frisch gebackene Mitarbeiter extra früher von der Arbeit nach Hause, organisiert einen Babysitter, fährt eine Dreiviertelstunde zur Gemeinde und ist pünktlich dort – nur um zu entdecken, dass er eigentlich gar nicht gebraucht wird. Entweder gibt es gar nicht so viel zu tun, seine speziellen Fähigkeiten sind nicht vonnöten oder – noch schlimmer! – das Projekt liegt einfach nicht im Zeitplan. Der Mitarbeiter steht 20 Minuten sinnlos herum und hofft, dass endlich jemand mit den Briefen aufkreuzt, die er in Umschläge stecken soll. Ein solcher Ablauf ist die beste Garantie dafür, dass die Person sich nie wieder für etwas Ähnliches meldet.

Auf der anderen Seite besteht auch die Gefahr, dass dem neuen Mitarbeiter zu schnell zu viel Verantwortung aufgeladen wird. Ein junges Ehepaar bietet beispielsweise an, dem Pastor mit der Jugendgruppe zu helfen, und drei Wochen später sagt er: „Ach, ihr macht das so gut – ich überlasse euch die ganze Jugendarbeit. Die 25 Kids gehören jetzt euch!“

Wenn die Verantwortung, die neuen Mitarbeitern übertragen wird, nicht ihrer aktuellen Entwicklung, ihrem Energielevel oder ihren Fähigkeiten entspricht, ist es nur eine Frage der Zeit, bis sie aufgeben. Und das ist dann keineswegs ihr Fehler! Es liegt in der Verantwortung der Leiter, neuen Mitarbeitern dabei zu helfen, in eine Arbeit hineinzuwachsen, ohne sich überflüssig zu fühlen oder überlastet zu werden.

Wie findet man aber diesen Punkt auf der Dienstskala? Wieder gilt: Holen Sie sich Rückmeldung von den Betreffenden! Kümmern Sie sich um die freiwilligen Mitarbeiter. Denken Sie daran, dass Sie nicht nur eine Dienstlücke zu füllen haben, sondern dass Sie einen willigen Nachfolger Jesu dazu anleiten sollen, auf dem Weg zu einem erfüllten, Frucht bringenden Lebensstil des Dienens weiterzukommen.

3. Diener müssen ständig daran erinnert werden, dass das, was sie tun, wichtig ist

Ihre Mitarbeiter müssen sich bewusst sein, dass sie hoch geschätzt werden; dass ihre Tätigkeit ein Teil des Rettungsplans ist, den Gott schon durch die ganze Menschheitsgeschichte hindurch verfolgt; dass die Rolle, die sie spielen, dabei keineswegs unwichtig ist; dass Gott alles wertschätzt, was sie tun, jede Stunde, die sie darin investieren.

In Matthäus 6, Vers 4 heißt es: „Dein Vater, der auch das Verborgene sieht, wird dich dafür belohnen“. Kein noch so kleiner

Dienst, der im Namen Christi getan wird, geht verloren. Gott sieht und belohnt sie alle. Kein freundliches Wort, kein ermutigendes Lächeln ist umsonst. Jede großzügige Tat, jedes Geschenk, jeder liebe Brief, jede Stunde, die Sie Ihrem Ehepartner, Ihren Kindern, Ihren Eltern, Ihrem Arbeitgeber, Ihrem Dienstleiter, einem Fremden auf der Straße dienen – jeder einzelne Akt des Dienens wird von Gott bemerkt und „notiert". Wir sind es unseren Mitarbeitern schuldig, ihnen dies immer wieder vor Augen zu führen.

Paulus tut genau das, als er in seinem ersten Brief an die Gemeinde in Korinth schreibt: „Darum, meine lieben Brüder und Schwestern, werdet fest und unerschütterlich in eurem Glauben und tut stets euer Bestes für die Sache des Herrn. Ihr wisst, dass der Herr euren Einsatz belohnen wird" (1. Korinther 15,58). Das ist der Vers meines Lebens! Wenn ich entmutigt oder müde bin, wandle ich ihn ein bisschen ab: „Es gibt nichts, das ich im Namen Christi tue, das jemals umsonst wäre."

Obwohl auch die sichtbaren Anteile meines Lebens eine gewisse Befriedigung bringen, gibt es doch viele Tage, an denen ich mein Büro mit dem Gefühl verlasse, heute mehr Menschen enttäuscht als ermutigt zu haben oder in meiner Lehre und Leiterschaft versagt zu haben. Dann muss ich mich daran erinnern, dass ich zumindest da gewesen bin, dass ich es versucht habe und dass Gott das gesehen hat. Und dies kann mir niemand nehmen.

Wenn ich schon diese Art der mentalen Disziplinierung üben muss, um motiviert und am Ball zu bleiben – wie geht es dann erst dem Menschen, der bei Minustemperaturen und bei Wind und Wetter draußen auf dem Parkplatz steht und Autos einweist? Oder der Frau, die nach dem Gottesdienst die schmutzigen Tabletts im Restaurantbereich wegräumt? Oder dem Rentner, der am Samstagmorgen das Auditorium saugt? Auch diese Mitarbeiter müssen immer wieder daran erinnert werden, dass Gott sieht und schätzt, was sie tun. Dass es Zeugen im Himmel gibt, die ihnen unhörbar applaudieren. Dass die Wirkung ihres Dienstes ihre Kreise bis in die Ewigkeit zieht.

Kurzum: Ehrenamtliche Mitarbeiter müssen daran erinnert werden, dass sie nicht verrückt sind, weil sie sich einbringen!

Ich weiß selbst, wie sehr ich es zu schätzen weiß, wenn ich daran erinnert werde, dass das, was ich tue, wirklich wichtig ist. Ich glaube, den meisten Menschen geht es genauso. Wir tragen alle dieselben Zweifel mit uns herum. Deshalb sollten wir eine Kultur der Ermutigung erschaffen, bei der wir uns die Zeit nehmen, einander in die Augen zu schauen und uns daran zu erinnern, dass das, was wir tun, zählt: *Gott sieht es und ich sehe es auch. Deine Treue ist wichtig. Deine Begabungen sind von Bedeutung.*

Es braucht nicht viele Worte, um jemandem Bestätigung zu geben. Manchmal genügt es schon, jemanden im Flur zu treffen, ihm die Hand auf die Schulter zu legen und zu sagen: „Ich bin froh, dass du in diesem Team bist. Der ganze Dienst wäre ohne dich nicht derselbe. Ich danke Gott für das, was du tust!"

Eines Freitagabends sprach ich bei der Einweihung eines neuen Gemeindegebäudes in einem anderen Bundesstaat. Auf dem Weg zum Auditorium kam ich am Babyraum vorbei und sah durch die Scheibe eine Frau mit einem Baby auf jedem Arm. Ich war ein bisschen in Eile, doch ich verspürte einen deutlichen Schubs vom Himmel, innezuhalten und dieser Frau dafür zu danken, dass sie in der Kleinkinderbetreuung diente.

„Sie wären jetzt vermutlich auch lieber im Auditorium und würden die Einweihung Ihrer neuen Kirche mit den anderen feiern", sagte ich ihr. „Doch stattdessen sind Sie hier, ein Baby in jedem Arm. Ich bin sehr dankbar für Ihre dienende Einstellung und Ihre Bereitschaft, anderen Familien die Teilnahme am Gottesdienst zu ermöglichen. Machen Sie weiter so!"

Später erhielt ich eine Nachricht von dieser Frau. „Lieber Pastor Hybels", schrieb sie, „ich bin schon seit 22 Jahren in der Kleinkinderbetreuung tätig. Als Sie reingeschaut und mit mir geredet haben, war das das erste Mal, dass jemand, der eine Leitungsfunktion innehat, mir gedankt hat." Ich las dies und dachte mir: *Warum tun wir ehrenamtlichen Mitarbeitern das an? Warum steht der Dank an diese stillen Helden in unseren Gemeinden ganz unten auf unseren Prioritätenlisten?*

Wenn Sie einer dieser treuen, beständigen, demütigen Mitarbeiter sind, die in der Gemeinde dienen, möchte ich Ihnen jetzt an dieser Stelle dafür danken, dass Sie dies tun! Ihre Begabungen sind wichtig. Ihre Leidenschaft für diese Aufgabe ist wichtig. Ihr Dienst ist wichtig. Ihre unbemerkten Akte der Freundlichkeit sind wichtig. Ihre Arbeit ist nicht vergebens! Weiter so!

10. Auf lange Sicht

„Wir wollen nicht müde werden zu tun, was gut und recht ist. Denn wenn die Zeit da ist, werden wir auch die Ernte einbringen; wir dürfen nur nicht aufgeben. Solange wir also noch Zeit haben, wollen wir allen Menschen Gutes tun, besonders denen, die mit uns durch den Glauben verbunden sind“

Galater 6,9–10

Es wäre schwierig, ein noch schlechteres Restaurant zu finden als das „Tasty's Diner“. Der Service war lausig, das Essen war lausig, die Einrichtung war lausig – kurzum, alles war lausig, außer der Tatsache, dass es rund um die Uhr geöffnet hatte.

In den frühen Jahren von *Son City,* als wir uns so sehr abschuften, dass wir jede Woche mindestens einmal aufgeben wollten, trafen wir uns nach der allwöchentlichen Evangelisationsveranstaltung am Donnerstag im „Tasty's Diner“. Wir quetschten uns in eine schmierige Vinyl-Eckbank und ließen den Abend noch einmal Revue passieren. Üblicherweise fingen wir mit Beschwerden und Kritik an. Der Hauptdarsteller im Theaterstück hatte einen wichtigen Satz vergessen; eine der Lampen war mitten in der Predigt kaputt gegangen und so weiter und so fort. Wir beklagten uns eine Weile, und dann fingen wir alle an zu lachen. Wir wussten einfach nicht, ob wir lachen oder weinen sollten, und daher entschieden wir uns für ersteres.

Wenn das Essen kam, hatten wir uns meist schon etwas beruhigt und erzählten uns von den guten Gesprächen, die wir an diesem Abend mit Jugendlichen geführt hatten. Langsam begannen wir dann, über unser eigenes Leben zu sprechen, womit wir zu kämpfen hatten und wo es gut lief. Während die Zeiger der Uhr wieder von Neuem ihre Runde zu drehen begannen, wurden die Gespräche immer tief gehender. Irgendwann schaute dann jemand auf seine Uhr, stellte überrascht fest, wie spät es schon war, und alle machten sich zum Gehen fertig. Es tat uns Leid, das Gespräch abzubrechen, aber wir waren so müde, dass wir es kaum noch zu unseren Autos schafften.

Natürlich machten wir dann wieder weiter. Wir mochten uns sehr, und wir liebten das, was wir zusammen auf die Beine stellten. Die Gemeinschaft, die wir unter den unbarmherzigen Neonröhren dieses hässlichen Restaurants erlebten, war eine der größten Belohnungen für das Blut, den Schweiß und die Tränen, die wir in unsere Arbeit investierten. Wir liebten Gott und wollten den Jugendlichen in seinem Namen dienen. Und die Gemeinschaft verlieh uns die Kraft dazu, sodass wir immer wieder weitermachen konnten.

Am Ball bleiben ...

Linda sang schon in den Anfangsjahren in der *Son City*-Band mit und sie hat seitdem nicht damit aufgehört. Von Beruf ist sie Lehrerin und noch immer dient sie unserer Gemeinde mit ihrem musikalischen Talent. Seit beinahe 30 Jahren kommt sie zu den Gottesdiensten in der Woche, am Wochenende und zu besonderen Gelegenheiten (und natürlich zu den Tausenden dazugehörigen Proben!), um als Backing-Sängerin zu dienen, die Gemeinde im Lobpreis zu leiten und dabei zu helfen, bewegende Momente zu schaffen, die die Besucher in ihrem tiefsten Inneren berühren. Viele Jahre lang ist sie außerdem schon als Übersetzerin für Hörgeschädigte tätig und überträgt Liedtexte und Predigten während der Gottesdienste simultan in Zeichensprache.

Laurie war 17, als sie begann, als Teamleiterin für Kids ihrer Highschool bei *Son City* mitzuarbeiten. Mit 22 kam sie ins Leitungsteam unserer Gemeinde und wurde Älteste. Und in den nächsten 25 Jahren besuchte sie neben ihrem Management-Posten in einer großen Immobilienfirma buchstäblich Hunderte von Ältestentreffen, die sich oft bist spät in die Nacht hinzogen und bei denen weit reichende Entscheidungen für unsere Gemeinde getroffen wurden, in denen wir für die Kranken beteten, disziplinarische Maßnahmen durchführten und uns um unsere bezahlten Mitarbeiter kümmerten. Inzwischen ist Laurie als Älteste „in Pension gegangen“ und verfolgt eine neue Leidenschaft: Mit derselben Entschlossenheit, die sie vorher in die Gemeindeleitung investiert hat, hilft sie nun Flüchtlingen aus den Krisengebieten Afrikas dabei, in Chicago und Umgebung Fuß zu fassen.

Quigley dient ebenfalls schon seit fast 30 Jahren in unserer Gemeinde. Er war erst seit einem knappen Jahr Christ, als er bei der Suche nach einem geeigneten Grundstück für unseren Gemeinde-Neubau half. Bis dahin hatten wir uns in einem Kino getroffen und freuten uns nun darauf, ein Gebäude unser Eigen zu nennen, das weder mit nicht jugendfreien Filmplakaten dekoriert war noch als einzigen Raum für die Kinderbetreuung eine nach kalter Asche und altem Popcorn stinkende Eingangshalle hatte. Quigley entdeckte, dass sein Arzt ein großes Stück Land an der Barrington Road besaß, das er verkaufen wollte. 1981 zogen wir in das erste Gebäude dort ein und wir sind immer noch hier!

Quig ist seit den Anfängen der Vorsitzende und Sprecher unseres Vorstandteams und hat jedes einzelne Treffen besucht, das wir jemals hatten! Über seine Rolle als ehrenamtlicher Mitarbeiter sagt er: „Danke, dass ihr mir die wichtigste und erfüllendste Tätigkeit meines Lebens ermöglicht habt! Ich habe vor, damit weiterzumachen, bis man mich in einem Sarg heraustragen muss!“

Diese Menschen haben sich dazu verpflichtet, lebenslang Diener des Reiches Gottes zu sein. Und der Bibel zufolge sollte das die Norm für jeden Christen sein. Jesus lehrte, dass es beim Dienst nicht darum geht, es mal zwei Jahre zu probieren und dann das Interesse zu verlieren oder fünf Jahre lang alles zu geben und dann ausgebrannt zu sein. Dienen ist die Hauptberufung unseres Lebens.

Doch es ist gar nicht so einfach, am Ball zu bleiben und beständig in einer Gemeinde mitzuarbeiten. Und deshalb müssen wir genau wissen, was die Energie unserer Mitarbeiter auf lange Sicht erhält.

Schlüssel zum Durchhalten

Der erste Schlüssel zum Durchhalten ist etwas, das wir schon in den vorigen Kapiteln besprochen haben: Es geht darum, sich in seinem Dienst langsam immer mehr den Bereichen anzunähern, in denen wir unsere Leidenschaft und geistliche Begabung haben. Der zweite Schlüssel ist der Dienst im Kontext der Gemeinschaft.

Am Anfang einer Mitarbeit kann das „Helfer-Hochgefühl" so stark sein, dass es beinahe schon verführerisch wirkt. *Wow, das hier bereichert mein Leben ungemein! Ich fühle mich richtig gut!* Doch jeder, der über einen längeren Zeitraum mitarbeitet, weiß, dass die Euphorie vermutlich bald vergeht.

> Ab einem bestimmten Punkt merkt man, dass es beim Dienen nun einmal nicht um einen selbst geht, sondern um Gott und um die Bedürfnisse der Menschen, denen zu dienen wir berufen sind. Manchmal fühlt es sich gut an, diese Bedürfnisse zu stillen; manchmal ist es einfach nur harte, anspruchsvolle Arbeit.

Wenn ich durch unser Gemeindezentrum gehe, sehe ich Hunderte von freiwilligen Mitarbeitern, die Woche für Woche eher undankbaren, eintönigen Tätigkeiten nachgehen. Ich sehe andere, die eine Verantwortung tragen, die vermutlich die ihres „weltlichen" Jobs übersteigt. Ich sehe Personen, die auf einige gute bezahlte Stunden Arbeit verzichten, damit sie mehr Zeit haben, um unentgeltlich in der Gemeinde mitzuarbeiten. Ich sehe andere, die buchstäblich vollzeitlich als Ehrenamtliche dienen.

Oft frage ich mich, wie sie es schaffen, immer weiterzumachen. Sie sind doch auch nur Menschen; ab und zu fühlen sie sich bestimmt entmutigt und entnervt. Ich weiß, dass einige von ihnen noch gar nicht den idealen Dienstbereich gefunden haben, der ihren Begabungen und Neigungen entspricht. Folglich fällt ihnen das Dienen sicher schwerer, als es sollte. Wie bringen sie die Energie auf, immer wieder aufzukreuzen?

Ich gehe durch die Eingangshalle und den Restaurantbereich der Gemeinde und sehe kleine Gruppen, die sich vor oder nach ihren Einsätzen um einen Tisch versammeln. Sie geben einander Einblick in ihr Leben, sie lachen und beten und weinen miteinander. Und dann denke ich an die Abende im „Tasty's Diner".

Ich habe in den letzten Jahren oft gesagt, dass ich für den Rest meines Lebens noch zwei große Ziele habe: Erstens möchte ich die Arbeit tun, die Gott für mich vorgesehen hat. Ich habe nämlich nie erlebt, dass ich wirklich glücklich war, wenn ich mich außerhalb von Gottes Berufung für mein Leben bewegt habe. Immer, wenn ich auch nur um wenige Grad vom Kurs abgekommen bin, habe ich dieses Gefühl verloren, ohne das ich nicht mehr leben kann – dass Gott auf mich herabsieht und lächelt.

Zweitens möchte ich die Arbeit, für die Gott mich vorgesehen hat, in Gemeinschaft mit Menschen tun, die ich liebe. Obwohl die meisten Dienste, in denen ich mitwirke, nicht von ehrenamtlichen Mitarbeitern bestritten werden, gilt hier dasselbe Prinzip.

Kürzlich erlebte ich bei einem Management-Meeting sowohl die Höhen als auch die Tiefpunkte von Gemeinschaft. Einige erzählten von wunderschönen Familienerlebnissen, die sie in der Woche gehabt hatten, während andere unter Tränen von schwerem Leid berichteten. Nichts ist erfüllender, als in die Freuden und Sorgen der Menschen mit hineingenommen zu werden, mit denen ich diene, und ihnen im Gegenzug auch von meinen Freuden und Sorgen zu erzählen.

Ich möchte niemals Gottes Arbeit außerhalb der Gemeinschaft seiner Heiligen tun! Ich weiß, dass das egoistisch klingt. Die Wahrheit ist: Wenn Gott mich dazu berufen würde, ganz allein in einer dunklen Höhle zu dienen, hoffe ich, dass ich es tun würde. Und natürlich braucht man für manche Aspekte des Dienens eine starke Fokussierung. Aber ich glaube nicht, dass Gott uns generell als Einzelkämpfer sehen will.

Wenn wir dafür eine Vorlage brauchen, müssen wir uns nur Jesus selbst ansehen. Obwohl er auch viel Zeit allein im Gebet verbrachte, zog er nicht einsam durchs Land und lehrte die Menschen.

Die meiste Zeit seines Dienstes diente er im Kreis seiner zwölf Jünger und hatte zusätzlich noch einen inneren Kreis von drei besonders engen Freunden.

In unserer Gemeinde haben wir uns ein Ziel gesetzt: Wir möchten ehrenamtlichen Mitarbeitern genau das anbieten, was wir für Gottes Willen halten: die Gelegenheit, treu innerhalb einer Gemeinschaft zu dienen, die so reichhaltig und vielseitig ist, dass sie ihr Herz berührt, ihnen Freude spendet und sie immer neu mit Energie versorgt.

So war es jedoch nicht immer. Zum Beispiel gab es früher verschiedene Helfer, die den Rasen rund um unser Gemeindezentrum mähten (und wir haben ein sehr großes Grundstück). Der jeweilige Mitarbeiter tauchte irgendwann auf, holte den Rasenmäher, warf ihn an und mähte ein paar Stunden. Dann ging er wieder nach Hause, ohne mit irgendjemand anderem Kontakt gehabt zu haben – und wir wunderten uns, warum die Mäher so unmotiviert waren und es eine so starke Fluktuation gab! Als wir schließlich noch weitere Rasenmäher kauften und ein richtiges Team bildeten, gab es plötzlich keine Probleme mehr mit der Motivation und dem „Am Ball Bleiben".

In einer E-Mail schilderte mir ein freier Mitarbeiter die Kraft der Teamarbeit folgendermaßen:

„*Ich möchte Ihnen von meinem Dienst beim* Grounds Team [etwa: Team für das Gemeindegelände] *erzählen. Wir trafen uns immer samstags von 7:00 bis 13:00 Uhr mit einer Kaffeepause um 10:00 und einem gemeinsamen Mittagessen um 12:00. Ich weiß gar nicht, was mir mehr Spaß machte – die Arbeit oder die Pausen. Beides war gleichermaßen erfüllend und schön. Während der Kaffeepause setzten wir uns immer in einem Kreis hin und jeder erzählte ein bisschen aus seinem Leben und seinem Alltag. In dieser Zeit konnten wir über fast alles miteinander reden. Manchmal über richtig ernste Dinge, manchmal auch nur locker. Wir lernten uns ziemlich gut kennen. Es hat irgendwie etwas Besonderes, wenn man gemeinsam für eine Aufgabe verantwortlich ist und dann auch gemeinsam betet …*

Ich weiß, dass sich die Freundschaften in dieser Gruppe nicht nur zufällig entwickelten. Ich habe den Verdacht, dass unser Teamleiter Dan sich

immer etwas dabei gedacht hat, wenn er bestimmten Leuten zusammen eine Aufgabe übertrug, wie Büsche zu pflanzen oder Tulpenzwiebeln zu setzen. So was wie: ‚Mal sehen, wer wäre heute der beste Gesprächspartner für Gary?' In dieser Gruppe habe ich gelernt, was Gemeinschaft eigentlich bedeutet.
Ich bin im Einzelhandel tätig und muss inzwischen auch samstags arbeiten, deswegen arbeite ich heute in einem anderen Bereich mit. Doch jeden Samstagmorgen fahre ich auf dem Weg zur Arbeit an der Gemeinde vorbei und denke daran, wie ich dort gemeinsam mit meinen Geschwistern gehackt, gesät und gepflanzt habe – mit dem einen Wunsch: Gott zu dienen … zusammen."

Doreen hat mir Folgendes über ihre Erfahrungen mit dem Dienen in einer Gemeinschaft geschrieben:

„Seit über 20 Jahren bin ich in der Arbeit mit Kindern tätig. Ich habe unglaubliche Erfahrungen gemacht, nicht nur mit den Kindern, sondern auch mit den Teams, mit denen ich gedient habe. Mein derzeitiges Team ist für mich fast wie eine Familie. Fast jeden Samstagabend gehen wir noch gemeinsam essen und reden, bis das Restaurant geschlossen wird. Wir haben einander beim Umzug geholfen, sind auf unseren Hochzeiten gewesen und haben uns gegenseitig zum Flughafen gefahren, wenn Urlaubsreisen anstanden. Wir sitzen auch in den Gottesdiensten meist zusammen. Ich weiß, dass die anderen mich vermissen würden, wenn ich nicht kommen würde, und das ist an sich schon eine Form von Verbindlichkeit. Der Vers, in dem von Eisen die Rede ist, das Eisen schärft, beschreibt uns wirklich ganz gut. Wir sind alle in unserem Glauben gewachsen, weil wir gemeinsam durchs Leben gehen. Diese Gemeinde kann sich ganz schön groß und schier überwältigend anfühlen. Doch weil ich mit meinem Team verbunden bin, fühle ich mich hier ganz und gar zu Hause."

Wie man die Motivation der Mitarbeiter erhält

Die Gemeinschaft spielt ganz klar eine große Rolle in der Erhaltung der Dienstbereitschaft. Im Rest dieses Kapitels möchte ich noch einige weitere Faktoren erwähnen, die dazu beitragen, dass die Mitarbeiter ihre Motivation nicht verlieren.

1. Es gibt uns Energie, wenn wir sehen, dass sich das Leben der Menschen, denen wir dienen, positiv verändert

Paulus schreibt an die blühende Gemeinde in Thessaloniki: „Jetzt leben wir wieder auf, weil wir wissen, dass ihr feststeht in der Verbundenheit mit dem Herrn“ (1. Thessalonicher 3,8). Er beschreibt hier den geistlichen Schub, den Mitarbeiter erleben, wenn sie sehen, wie Menschen, denen sie gedient haben, geistlich wachsen und ein Leben führen, das Gott gefällt.

Der Apostel Johannes schreibt: „Nichts macht mich glücklicher, als zu hören, dass meine Kinder der Wahrheit gemäß leben“ (3. Johannes 4). Er spricht über seine geistlichen „Kinder“ – Menschen, denen er gedient und in deren Leben er sich investiert hat.

Jeder engagierte Diener Gottes, den ich kenne, hat im Dienst an anderen auch seine Wüstenerfahrungen gemacht. Eine Kleingruppe, die er geleitet hat, ist auseinander gebrochen. Eine Person, für die sie Mentorin war, ist in ihren früheren destruktiven Lebensstil zurückgefallen. „Was soll das Ganze?“, fragen sie sich. „Es ist den Menschen doch alles egal. Sie verändern sich nicht. Mein Beitrag bedeutet nichts. Ich verschwende nur meine Zeit.“

Aber sie beten, lieben und lehren weiter und bieten weiter ihre greifbaren Liebesbeweise an und einige ihrer Bemühungen berühren eben doch die Herzen anderer Menschen und fördern eine nachhaltige Veränderung. In der Gemeinde, im Supermarkt oder im Park begegnen ihnen Menschen, die sagen: „Hey, ich wollte dir schon lange mal sagen, dass ich es ganz großartig fand, wie du mir damals immer Essen gebracht hast, als ich krank war. Ich habe mich seither immer wieder mit Gott und dem christlichen Glauben beschäftigt.“ Oder: „Als du in der Selbsthilfegruppe von deinem Heilungsprozess erzählt hast, hat mir das Mut gemacht, dranzubleiben und weiter zu hoffen, dass ich eines Tages auch meine Trauer überwinden kann. Danke für deine Ehrlichkeit!“ Oder: „Sie erinnern sich bestimmt nicht mehr an mich. Sie waren früher mal der Jugendleiter meines Sohnes. Er ist jetzt im College und immer noch hingegebener Christ. Vielen Dank, dass Sie sich um ihn gekümmert haben!"

Und dann verstehen diese Mitarbeiter plötzlich, was Paulus gemeint hat, als er schrieb: „Jetzt lebe ich wieder auf", weil er sieht, wie er Menschen geistlich positiv beeinflusst hat.

Lassen Sie auch die folgende E-Mail auf sich wirken, die ein junger Mann mir geschrieben hat, der seit über zehn Jahren in unserer Basketball-Gruppe mitarbeitet, die viele Menschen aus der Umgebung unserer Gemeinde anzieht:

„Die gerade zu Ende gegangene Saison war die beste und lohnendste, die ich bisher erlebt habe. Vor vier Jahren habe ich ein Basketball-Team aus jungen Spielern übernommen. Zuerst war es ein bisschen schwierig, an sie heranzukommen, weil ich sie überhaupt nicht kannte, aber ganz langsam haben wir die Gräben überbrückt. Jetzt sind wir schon lange viel mehr als nur ein Basketball-Team. Wir sind eine Gruppe Jungs, die einfach gern Zeit zusammen verbringen – auf dem Spielfeld und anderswo. Andere sehen, wie viel Spaß wir haben, und wollen auch zu unserer lustigen Truppe gehören. Es ist so ermutigend zu sehen, wenn anderen Menschen auffällt, dass an uns etwas anders ist, dass es hier etwas Besonderes gibt, das sie auch haben wollen.
Doch was diese Saison so besonders macht, ist die Tatsache, dass einer meiner Spieler Christ geworden ist … und ich habe ihn auf seinem Weg begleitet! Was für eine Ehre, wenn man jemandem, den man seit vier Jahren kennt und mag, sagen kann, dass gerade jetzt im Himmel für ihn eine Riesenparty steigt! Es war eine tolle Erfahrung, die mich wieder neu Demut gelehrt hat. Trotz all der Fehler, die ich mache, hat mich der Heilige Geist gebrauchen können, um einen Menschen zu erreichen und ihm dabei zu helfen, Teil von Gottes Familie zu werden. Das ist vermutlich der faszinierendste Aspekt am Christsein: wie Gott ein fehlerhaftes Individuum gebrauchen kann, wenn diese Person willig ist und ihre Gaben dazu einsetzen will, um andere fehlerhafte Individuen zu erreichen. Ich kann aus tiefstem Herzen sagen, dass es für mich nichts Erfüllenderes gibt als das, was dieses Jahr in meinem Basketball-Team passiert ist!"

Eine Möglichkeit, wie Mitarbeiter wirklich an der Freude teilhaben können, die das Eingreifen Gottes in das Leben anderer Menschen bringt, sind Tauffeiern. Ich glaube, dass jeder Mensch, der durch die Bemühungen einer Gemeinde zum Glauben an Jesus Christus findet, letztlich ein Zeugnis für den Beitrag jedes einzelnen Mitarbeiters darstellt.

Mag sein, dass es bei einem Zuhörer in einem bestimmten Augenblick einer Predigt „Klick" macht, und er begreift plötzlich, dass die Gute Nachricht für ihn ganz persönlich gilt. Doch das hätte er gar nicht gehört, wenn es nicht zig Mitarbeiter gäbe, die die Tonanlage und andere technische Geräte aufbauen und abmischen, während wir anderen noch schlafen. Vielleicht hätte der Zuhörer sein Herz nicht so weit geöffnet, wenn nicht kurz zuvor der Liedvortrag einer Sängerin, die vor jedem Gottesdienst intensiv betet, seine emotionalen und geistlichen Barrieren durchbrochen hätte. Und die Mitarbeiter, die jeden Samstagmorgen sämtliche Böden saugen und reinigen, wissen ebenfalls, dass sie einen Beitrag zu jeder geistlichen Entscheidung leisten, die in diesem Raum getroffen wird.

Jeder Taufgottesdienst feiert die Rettung und Veränderung der Täuflinge, aber er feiert auch den Leib Christi. Er feiert die Hände, Füße, Augen, Ohren und Herzen, die nach Gottes Willen zusammenarbeiten. Und der kleine Energiestrom, der die Seele jedes Mitarbeiters erfüllt, wenn er einer Taufe zusieht, ist ein Geschenk des Heiligen Geistes, der damit sagt: „Du hast Anteil an dieser Transformation gehabt! Genieße es! Bade in dem Wissen, dass du Gottes Ziele vorangetrieben hast! Fühl dich ermutigt! Nimm die Belohnung an!"

2. Langjähriger Dienst erfordert eine gesunde Selbstfürsorge

Viele treue Diener werden von einem ganz schlichten Problem heimgesucht: zu viel Engagement. Ja, Sie haben richtig gehört – es gibt natürlich auch ein Zuviel des Dienens. Viele hochmotivierte neue Christen können sich gar nicht vorstellen, dass man es damit auch übertreiben kann. Sie zitieren Psalm 116, Vers 12: „Wie kann ich dem Herrn vergelten, was er für mich getan hat?", und antworten: „Je mehr Einsatz, desto besser! Lieber ausbrennen, als einrosten!" Und leider ist genau das dann auch oft der Fall: Sie verausgaben sich und enden ausgebrannt an der Seitenlinie – als Es-war-einmal-Diener.

Diese Szenario offenbart ein tragisches Missverständnis in der christlichen Gemeinde. *Geschäftigkeit ist fast so gut wie Heiligkeit*, diese Worte scheinen die Haltung ganz gut zusammenzufassen. Anhänger dieser Denkweise sind davon überzeugt, dass Gott es schätzt, wenn sie ständig am Rand der Erschöpfung stehen, und dass es ein Zeichen besonderer Geistlichkeit ist, wenn man an sieben Tagen in der Woche in der Gemeinde ist.

Wenn ein Nachbar oder ein Kollege aus dem Büro einen solchen Christen anruft und sich mit ihm treffen will, kann dieser leider nicht: „Tut mir Leid, ich habe diese acht verschiedenen Aufgaben in der Gemeinde, siehst du, und ich kann einfach meine kostbare Zeit nicht mit nichtigen Dingen verschwenden." Nichtige Dinge wie Freunde, Nachbarn, Ehepartner, Kinder, Sport, Schlaf, Erholung, Gesundheit.

Ich weiß das nur allzu gut, denn ich war genauso.

In meiner Jugend gab es in mir einen gewissen egoistischen Ehrgeiz, der zerbrochen werden musste. Ich bin ein sehr zielorientierter Mensch, und ich hatte all meine Ziele schön aufgelistet – Sprossen auf der Karriereleiter, akademische Grade, finanzielle Ziele. Ich wusste, was ich wollte, und ich hatte nicht die Absicht, mir von Gott oder irgendjemand anderem Knüppel zwischen die Beine werfen zu lassen. Irgendwie musste dieser Eigenwille umgedreht werden.

Gott gebrauchte die Lehre von der Selbstverleugnung und dem Dienst an anderen, die Dr. B. mich in den Anfangsjahren von *Son City* lehrte, um damit anzufangen. Ich prägte mir die entsprechenden Bibelstellen gut ein und sagte sie mir jeden Tag vor. Diese entschlossene „Einimpfung" war nötig, damit das Wort Gottes meine eingefahrene „Ich zuerst"-Einstellung durchbrechen konnte.

Doch ich erkannte nicht, dass es einen Unterschied zwischen Selbstverleugnung und Selbstzerstörung gibt. Bei der Selbstverleugnung geht es darum, Sünde, Selbstbetrug und Egoismus abzulegen. Wir sollen alles ablegen, was Gott nicht gutheißt (was er uns entweder durch die Bibel, andere Christen oder subtiler durch die Weisungen des Heiligen Geistes mitteilt). Bei der Selbstzerstörung dagegen vernachlässigen wir die wahren Gefühle, legitimen Bedürfnisse, gesunden Aktivitäten und lebensspendenden Beziehungen, von denen Gott nie verlangt hat, dass wir sie aufgeben sollen.

Nach und nach rutschte ich von einer gesunden Form der Selbstverleugnung in einen selbstzerstörerischen Lebensstil ab, der letztlich in eine so schwere Form von Burnout führte, dass ich befürchtete, nie mehr in den Dienst zurückkehren zu können. Und ich war nicht der Einzige, der unter meinem irrwitzigen Lebenstempo zu leiden hatte. Das Wissen belastet mich sehr, dass in dieser unausgewogenen Ära der 1970er Jahre die Ehe einiger junger Paare in unserer Gemeinde mit einer Scheidung endeten, weil sie den ungesunden Lebensstil nachgeahmt hatten, den ich vorlebte. Rein verstandesmäßig weiß ich, dass Gott mir vergeben hat, aber ich werde nie die Traurigkeit überwinden, die mich immer überkommt, wenn ich daran denke. Damals war mir nicht klar, dass wir uns eines Tages vor Gott ebenso für die Art und Weise verantworten müssen, wie wir mit unserer Familie umgegangen sind, wie für unseren Dienst in der Gemeinde – und dass es eine unverzichtbare Komponente des langfristigen Dienens ist, für die zu sorgen, die wir lieben.

Denken Sie immer daran: Ein Leben des Dienens ist kein Sprint, sondern ein Marathon. Wir müssen uns unsere Kräfte gut einteilen und uns nicht nur um unsere Ehe und unsere Familie kümmern, sondern auch auf unsere Ernährung, auf Ausgleichssport und genügend Ruhe achten. Ich habe auf die harte Tour gelernt, dass ich körperlich schnell Bankrott gehe, wenn ich nicht genug schlafe, mich nicht vernünftig ernähre und keinen Sport treibe. Und wenn ich mir nicht ausreichend Zeit zum Entspannen lasse, geht es mir emotional schlecht.

„Freut euch und jubelt über den Herrn, ihr, die ihr ihm treu seid! Alle, die redlich und rechtschaffen sind, sollen vor Freude singen!", sagt der Psalmist. Wenn Sie das zwar krampfhaft versuchen, innerlich dem Gott, den Sie zu lieben behaupten, jedoch immer bitterer gegenüberstehen, dann könnte das ein Hinweis darauf sein, dass Sie mehr aufgeben, als er von Ihnen erwartet, oder dass Sie sich ein unrealistisches Tempo auferlegt haben.

Viele Christen sehen nur zwei Möglichkeiten: Egoismus oder Selbstlosigkeit. Doch ein Mensch, der wirklich immer absolut selbstlos handelt, wird vermutlich recht bald in einer Anstalt enden. Dass wir manchmal auch eine gesunde Portion Egoismus brauchen, ist für unsere Selbstfürsorge von großer Bedeutung, wollen wir unsere Begabungen einsetzen, unsere körperliche und seelische Gesundheit erhalten, unsere Beziehungen pflegen und langfristig dienen können.

Es gibt keine allgemein gültige Formel, die widergibt, wie das aussehen kann, doch der Heilige Geist ist in der Lage, uns jeden Tag anzuleiten, während wir Bibel lesen, beten, Tagebuch führen und unser Leben Gott unterstellen, den wir um Weisheit und Richtungsweisung bitten.

Ein Freund sagte kürzlich zu mir: „Radikale Selbstaufopferung erfordert radikale Selbstfürsorge." Und das stimmt! Wenn Sie sich selbst vernachlässigt haben und denken, Sie könnten ein Held sein und die Tatsachen des Lebens ignorieren, befinden Sie sich auf gefährlichem Gebiet. Selbstfürsorge ist keine Möglichkeit, sondern ein Muss. Sie ist das Rezept gegen Erschöpfung, zerbrochene Beziehungen und Burnout, und sie ist eine notwendige Komponente im Leben eines freudigen, effektiven, langjährigen Dieners Jesu Christi, der eines Tages die Worte hören wird: „Gut gemacht!"

3. Geistliche Fülle bringt einen tragenden Dienst hervor

Mit anderen Worten: Unser Dienst braucht das richtige Benzin. Wir müssen gut darauf achten, was uns geistlich antreibt. Sind es Schuldgefühle? Der Versuch, sich Gottes Gunst zu verdienen? Eine Reaktion auf die Erwartungen anderer? Der Wunsch, andere zu beeindrucken? Eine Form von Helfersyndrom? Wenn der Beweggrund etwas Derartiges ist, wird der Dienst Sie unausweichlich schädigen wie eine Droge, ein Zwang.

Ehrliches Dienen erwächst aus einer ständigen, täglichen Erfahrung von Gottes Nähe und Liebe. Geistliche Übungen wie Einsamkeit, Stille, Meditation über die Bibel, Tagebuchführen und Gebet geben uns ein sicheres Fundament nicht nur der intellektuellen Wahrheit von Gottes Wort, sondern auch im Erleben seiner Realität. Solche Übungen öffnen unsere Herzen, sodass Gott zu uns sprechen, uns trösten, herausfordern und erfüllen kann. Dann kann der Überfluss dieser Liebe wiederum von uns zu anderen fließen, denen wir dienen. Wenn wir Gott geradezu frenetisch dienen, uns aber nie die Zeit nehmen, Gemeinschaft mit ihm zu haben, werden wir vielleicht ein Kurzstreckenrennen schaffen, aber wir werden nie die Freude erleben, die Ziellinie des Marathonlaufs zu überqueren, zu dem Gott uns berufen hat.

Ich weiß nicht, wie viel Zeit mir hier auf der Erde bleibt. Aber ich weiß genau, was ich mit dieser Zeit noch anfangen will. Ich will Gott gemeinsam mit Menschen dienen, die ich liebe. Ich will das Wunder feiern, wenn Menschen Veränderung erleben. Ich will meinen Körper und meine Seele gut behandeln. Ich will meine Familie lieben. Und jeden Tag will ich bis zum Überfließen von der Liebe Gottes erfüllt werden. Und dann, wenn meine Zeit gekommen ist, will ich Gott dafür danken, dass er mir ein Leben geschenkt hat, das viel besser war, als ich es verdient hatte … ein Leben, das ich für nichts in der Welt eintauschen wollte!

11. Die Kraft guter Taten

„Und wir wollen aufeinander Acht geben und uns gegenseitig zur Liebe und zu guten Taten anspornen."

Hebräer 10,24

„Brüder und Schwestern, werdet nicht müde, das Gute zu tun!"

2. Thessalonicher 3,13

„Genauso muss auch euer Licht vor den Menschen leuchten: Sie sollen eure guten Taten sehen und euren Vater im Himmel preisen."

Matthäus 5,16

„Diese Botschaft ist wahr und vertrauenswürdig. Ich erwarte, dass du mit Nachdruck für sie eintrittst und sie weitergibst. Du musst darauf hinwirken, dass alle, die zum Glauben an Gott gekommen sind, sich ernsthaft darum bemühen, das Gute zu tun. Das ist recht und bringt den Menschen Nutzen."

Titus 3,8

Gute Taten. Einander anspornen. Nicht müde werden, Gutes zu tun. Unser Licht leuchten lassen, indem man Gutes tut. Mit Nachdruck für andere eintreten. Sich bemühen, das Gute zu tun.

Gute Taten.

Im ersten Brief an Timotheus rät Paulus reichen Menschen, ihr Vertrauen nicht in ihr Vermögen zu setzen, sondern: „Ermahne die, die im Sinne dieser Welt reich sind, nicht überheblich zu werden. Sie sollen ihr Vertrauen nicht auf etwas so Unsicheres wie den Reichtum setzen; vielmehr sollen sie auf Gott vertrauen, der uns alles reichlich gibt, was wir zum Leben brauchen. Sie sollen Gutes tun, freigebig sein und ihren Reichtum gerne mit anderen teilen. Wenn sie an guten Taten reich werden, schaffen sie sich einen sicheren Grundstock für die Zukunft, damit sie das wirkliche Leben gewinnen" (1. Timotheus 6,17–19).

Im Evangelium nach Lukas können wir nachlesen, dass Jesus sagte, wir sollen sogar unseren Feinden Gutes tun (Lukas 6,31–35).

Und wiederum Paulus schreibt den Römern: „Handelt vielmehr nach dem Wort: Wenn dein Feind hungrig ist, dann gib ihm zu essen, und wenn er Durst hat, gib ihm zu trinken. Dann wird es ihm bald Leid tun, dein Feind zu sein. Lass dich nicht vom Bösen besiegen, sondern überwinde es durch das Gute!" (Römer 12,20–21).

Überwindet Böses durch Gutes!

Ich muss hier keine Worte daran verschwenden, über das Böse in unserer Welt zu lamentieren. Die Zerbrochenheit, der Schmerz, die Kriege, die Armut, der Hunger, der Hass, die Gier, die zerrütteten Familien, die vernachlässigten alten Menschen, das Fehlen von etwas so Existentiellem wie sauberem Wasser für den größten Teil der Weltbevölkerung, die Einsamkeit, die Umweltzerstörung, die Tragödie AIDS, die geistliche Leere. All das sehen wir täglich in den Nachrichten – und bei den Menschen, deren Pfade unser Leben kreuzen, wenn wir nur die Augen aufmachen.

In diesem Buch geht es aber um die andere Seite dieser Geschichte: die verändernde Kraft guter Taten.

Hier eine Geschichte von vielen, die diese Kraft am Werk zeigen:

Nachdem sie fünf Jahre in einem engen kleinen Reihenhaus gelebt hatten, wollten Jeff und seine Frau Karen gern umziehen, fanden jedoch nichts Geeignetes in ihrer Preislage. Die Situation wurde noch dadurch verschärft, dass Jeff als Unternehmensberater an einem langfristigen Auftrag arbeitete, der erst nach Beendigung bezahlt werden würde. Und um alles noch schlimmer zu machen, verlangte die Hausverwaltung ihres derzeitigen Domizils auch, dass sie den erforderlichen Austausch der alten Garagentore durch kostspielige neue selbst übernahmen.

Die beiden waren sehr erleichtert, als Jeff endlich den Beratungsjob abschließen konnte; jetzt würden sie das Garagentor bezahlen und ein neues Haus suchen können! „Doch", erklärt Jeff, „wir sind nun mal der Überzeugung, dass die ‚ersten Früchte' Gott gehören, und er hatte es uns deutlich gemacht, dass wir auch die Garagentore für zwei weitere Nachbarn in unserem Reihenhaus bezahlen sollten, die sie sich einfach nicht leisten konnten. Einer von ihnen war krebskrank und die andere Familie kam schon so finanziell kaum über die Runden. Als wir den Nachbarn ihre neuen Garagentore vorführten, erzählten wir ihnen auch von dem Segen, den Gott in unser Leben gebracht hatte."

Und dann „öffnete der Herr die Scheunen" für Jeff und Karen. „Wir wurden durch die Reaktion unserer Nachbarn und auch durch die geistliche Erweckung in uns selbst reich beschenkt. Wenn man so etwas erlebt – dass man Gott quasi direkt zuarbeitet und sieht, wie er am Werk ist –, ist das einfach unvergleichlich, und man will immer mehr davon."

Innerhalb einer Woche fanden sie ihr neues Traumhaus. Karen meinte: „Gott hatte eben noch eine Aufgabe für uns, bevor wir weiterziehen konnten." Das war eine wirkungsvolle Lektion. „Heute fragen wir Gott immer ganz einfach: ‚Was möchtest du, das wir tun sollen?' Wir wissen, dass Gott einen Plan hat und dass wir ein Teil davon sind."

Eine einfache Sache. Kein komplizierter Plan. Keine Organisationsstruktur. Nur ein kleiner Schubs des Heiligen Geistes. Ein Akt der Großzügigkeit. Können Sie sich vorstellen, was dies für den krebskranken Nachbarn bedeutet hat? Oder für die Familie, die kaum ihre Rechnungen bezahlen konnte?

Garagentore.

Gute Taten.

Wie wäre es mit einer weiteren Geschichte?

Bob, ein Mann in den Siebzigern, arbeitet bei *Promiseland* mit. Eines Sonntagmorgens kamen die Eltern eines kleinen Mädchens nicht, um sie abzuholen. Während Bob gemeinsam mit dem Kind wartete, las er ihr die Geschichte von Winnie Puh vor. Als er fertig war, wollte sie die Geschichte noch einmal hören. Etwas erstaunt war Bob, als er sie danach ein drittes Mal vorlesen sollte, aber er begann zu lesen, während seine innere Unruhe zunahm, weil die Eltern noch immer nicht aufgetaucht waren.

Irgendwann sah er dann, dass die Mutter den Raum betrat. Sie wartete still, bis er mit der Geschichte fertig war. Dann entschuldigte sie sich für die Verspätung und sagte: „Ich stand schon eine ganze Weile draußen, aber ich wollte Sie nicht unterbrechen. Sie sind der erste Mann, der meiner Tochter vorgelesen hat, seit mein Ehemann vor zwei Jahren gestorben ist."

Ein älterer Mann, der einem kleinen Mädchen etwas vorliest. Balsam für die Kinderseele.

Gute Taten.

Glauben Sie wirklich, dass in einer Welt, die so bedürftig ist wie die unsere, ein einzelner Mensch nichts bewegen kann? Ganz im Gegenteil! Jeden Tag haben wir unzählige Gelegenheiten, die Welt ein bisschen mehr mit den Werten in Einklang zu bringen, an die wir glauben!

„Es ist nicht nur so, dass jede Ihrer Taten eine direkte Wirkung auf die Welt hat, sondern auch jede Entscheidung, die Sie treffen ... Wir erschaffen Triebkräfte füreinander ... Lassen Sie sich nie einreden, dass Sie keine Macht hätten – gemeinsam haben wir sogar die Macht, die Welt zu verändern. Alle signifikanten Veränderungen fangen langsam an, an einem bestimmten Ort, zu einer bestimmten Zeit, mit einer bestimmten Tat. Ein Mann, eine Frau, ein Kind steht auf und entschließt sich dazu, die Welt zu verbessern. Der Mut dieser Person inspiriert andere, die sich dann ebenfalls für die gute Sache einsetzen. Und Sie können diese Person sein."[5]

Sie können diese Person sein. Glauben Sie das?

Scott fühlte sich von den Problemen der somalischen Bantu-Flüchtlingsfamilien angesprochen, die in der Umgebung von Chicago Fuß zu fassen versuchten. Nach jahrelangen Aufenthalten in kenianischen Flüchtlingslagern kamen diese (moslemischen) Familien mit nichts weiter in den Vereinigten Staaten an als den Kleidern, die sie am Leib trugen. Scott und seine Frau Laurie beschlossen, eine dieser Familien zu „adoptieren", die Muyas. Sie begannen, Kleidung, Schuhe, Wintermäntel, Bettwäsche, Küchengeräte, Möbel und andere Dinge zu sammeln, die die Muyas bei der Einrichtung ihrer kleinen Wohnung in einem Vorort von Chicago benötigten .

Als sich die Geschichte der Muyas herumsprach, begannen sich auch andere Leute einzubringen. Eine Familie lud die Muyas ein – alle elf Familienmitglieder! –, so lange bei ihnen zu wohnen, bis ihre eigene Wohnung bezugsfertig war. Andere führten die Muyas in eine ganz neue Welt mit fließendem Wasser, elektrischem Licht, Waschmaschinen und Einkaufszentren ein und brachten ihnen Englisch bei. Innerhalb von wenigen Tagen nach ihrer Ankunft gehörten schon über 30 Helfer zum „Bantu-Team“. Inzwischen leben die Muyas in ihrer eigenen Wohnung und noch immer bekommen sie Unterstützung in allen wichtigen Dingen – beim Einkaufen, bei Behördengängen, bei der Jobsuche.

Scott und Laurie haben inzwischen ein Zimmer in ihrem eigenen Zuhause ausgeräumt, um dort Kleidung und Haushaltsgegenstände für weitere Flüchtlingsfamilien zu sammeln. Unter ihrer Leitung wächst das „Bantu-Team“ weiter, während andere Menschen für ihre Vision Feuer fangen und ebenfalls dabei mithelfen, den afrikanischen Flüchtlingen echte Freunde zu sein.

Ein Ehepaar begann mit einer einfachen Tätigkeit: Es sammelte Kleidung und Alltagsgegenstände für eine Familie. Damals hatte es noch keine Ahnung, wohin das führen würde. Die beiden hatten keinen Platz in ihrer Wohnung, um eine Familie aufzunehmen. Als voll berufstätiges Paar hatten sie auch nicht die Möglichkeit, die Flüchtlinge bei allen anfallenden Besorgungen zu begleiten. Sie taten einfach das, was sie tun konnten: Sie sammelten Kleidung. Und diese einfache Tat spornte andere an, ebenfalls in Sachen „gute Taten“ aktiv zu werden und ihnen auf diese Weise die Liebe Jesu ganz praktisch zu zeigen.

Wer weiß, wie viele Flüchtlingsfamilien und wie viele Mitarbeiter davon noch erreicht werden – und verändert durch diese Kettenreaktion von liebevollen Taten?

„Ich bin jetzt ein alter Mann“, schrieb mir Kevin,

„und ich habe die letzten 45 Jahre meines Lebens damit verbracht, den Armen zu helfen und die Liebe Jesu mit denen zu teilen, die krank und zerbrochen sind. Ich bin auf den Straßen von Kalkutta, Kairo, Chicago

und vielen anderen Städten gewesen und habe die Hungernden gespeist und denen Hoffnung gebracht, die keine Hoffnung mehr hatten. Ich würde mein Leben nicht für eine Million Dollar ändern! Erzähl den Leuten, dass es jedes Quäntchen Energie wert ist, jeden Cent, jeden Kummer, wenn man miterleben darf, wie Menschenleben durch die Kraft des Evangeliums zum Guten verändert werden!"

Gute Taten tragen unterschiedliche Verkleidungen. Manchmal kommen sie in Gestalt von Garagentoren daher, manchmal sehen sie eher ein bisschen aus wie Winnie Puh. Manchmal deuten sie in Richtung Afrika und manchmal umspannen sie die ganze Welt. Doch in allen Fällen erfordern sie eine essentiell wichtige Zutat: einen willigen Helfer.

Könnten Sie das sein?

Ich möchte Sie durch mein Buch zu einer Revolution im Bereich der freiwilligen Mitarbeit aufrufen. Aber jede Revolution erfordert auch Revolutionäre – Menschen, die von einem Tag träumen, an dem alles anders sein wird. Doch Revolutionäre tun noch mehr als nur träumen. Sie investieren sich in ihren Traum. Sie dienen unermüdlich dem gemeinsamen Ziel.

Stellen Sie sich vor, was mit unserer Welt passieren würde, wenn Hunderttausende – und schließlich sogar Millionen – von Menschen sich dazu entschließen würden, jede Woche nur wenige Stunden ihrer Zeit zu investieren, um eine Riesenwelle von guten Taten in Gang zu setzen, die den Glauben lebendig werden lässt, Gottes Liebe zu den Menschen bringt und das Leid verringert.
Stellen Sie sich vor, dass jede Gemeinde und jede Hilfsorganisation plötzlich von enthusiastischen, fähigen, liebevollen Helfern überflutet würde, die alles tun, dienen und beten, um ein kleines bisschen mehr Himmel auf Erden Wirklichkeit werden zu lassen. Stellen Sie sich das nur einmal vor!

Alles, was man dazu braucht, ist eine zusammengewürfelte Truppe von begeisterten Revolutionären, die daran glauben, dass diese Vision Wirklichkeit werden kann, und die bereit sind, den ersten Schritt zu gehen. Tun Sie etwas, irgendetwas, irgendwo – und zwar jetzt! Ich denke, das ist der perfekte Kriegsruf für die Mitarbeiter- Revolution!

Tun Sie etwas, irgendetwas, irgendwo – und zwar jetzt!

Ich bin ziemlich sicher, dass da draußen schon eine gute Tat wartet, auf der dick und fett Ihr Name steht!

Anmerkungen

[1] Steve Sjogren: *Seeing Beyond Church Walls,* Group Publishing 2002, S. 39

[2] Alan Luks: *Spirituality and Health*, Mai/Juni 2003, S. 29

[3] Stephen Kiesling: *Spirituality and Health*, Mai/Juni 2003, S. 36

[4] Howard Snyder: *Liberating the Church*, InterVarsity 1983, S. 169

[5] Ellis Jones, Ross Haenfler & Brett Johnson: *The Better World Handbook*, New Society Publishers 2001, S. 6

Navigationshilfen für Leiter – das Grundlagenbuch zum Thema „Führung"

30 Jahre hat Bill Hybels gewartet, bevor er ein Buch über das Thema schrieb, das ihn wie kein anderes bewegt: Führung. In den Höhen und Tiefen seiner Arbeit als Gründer und Pastor der *Willow Creek*-Gemeinde haben sich seine Gedanken zu diesem Thema kristallisiert und vertieft.
In seinem Buch entfaltet Hybels seine tiefste Überzeugung und Passion: dass die Gemeinde Jesu die Hoffnung der Welt ist und dass ihre Zukunft in den Händen ihrer Leiter liegt.
Themen u. a.:

- Vision – die schlagkräftigste Waffe des Leiters;
- Führung, die etwas bewegt – Vision in Aktion umsetzen;
- ein Dreamteam für das Reich Gottes aufstellen;
- der 360-Grad-Leiter – die Kunst, sich selbst zu führen;
- das Gebet eines Leiters.

Bill Hybels
Mutig führen
Gebunden, 280 Seiten
Bestell-Nr. 657 432

Machen Sie eine Bestandsaufnahme – entdecken Sie den Königsweg zu wahrer Größe

Die Verfolgung egoistischer Ziele ist in unserer Gesellschaft beinahe schon eine Selbstverständlichkeit. Doch führt das Ausleben des eigenen Egos tatsächlich nach oben? Die Bibel sieht das anders. Ihre einfache Aussage lautet: „Wenn du wirklich groß sein willst, dann musst du dich selbst klein machen. Du musst Selbstverzicht praktizieren, um wahre Größe zu erlangen."

Bill Hybels und Rob Wilkins laden Sie in ihrem herausfordernden Buch nicht nur zu einer Bestandsaufnahme Ihres Lebens ein. Sie schildern auch die inspirierenden Geschichten von Menschen aus unterschiedlichen Hintergründen, die doch eines gemeinsam haben: den Wunsch, Gottes Königreich voranzubringen, indem sie ihr eigenes Ego zurückstellen und damit wahre Größe erlangen.

Bill Hybels
Mut zur Demut
Gebunden, 200 Seiten
Bestell-Nr. 657 479